Die Bergisch-Märkische Eisenbahn

Die Bergisch-Märkische Eisenbahn

Bernd Franco Hoffmann

Die Bergisch-Märkische Eisenbahn

Durch die Täler der Wupper, Ruhr und Volme

SUTTON ZEITREISE

Bildnachweis

Eisenbahnstiftung Joachim Schmidt: Cover (Wolfgang Bügel), 14 (DLA Darmstadt/ (Bellingrodt), 15 (Sammlung Eisenbahnstiftung), 24 (BD Wuppertal/Säuberlich),

25 (Willi Marotz), 26 (Slg. Eisenbahnstiftung), 31 (RVM-Filmstelle Berlin), 32 (DLA Darmstadt (Bellingrodt), 36 (Wolfgang Bügel), 37 (Robin Fell), 39 (Fischer), 41 (DLA Darmstadt), 42 (DLA Darmstadt/Bellingrodt, 44 o. (DLA Darmstadt/Bellingrodt), 44 u. (Wolfgang Bügel), 45 (Slg. Günter Mitze), 48 o. (RVM-Filmstelle Berlin), 49 (DLA Darmstadt/Bellingrodt), 50 (RVM-Filmstelle Berlin), 52 u. (Peter Schiffer), 56 u. (Slg. Eisenbahnstiftung), 60 (RVM), 61 (RVM/RBD Essen/Marotz), 62 o. (DLA Darmstadt/ Bellingrodt). 62 u. (RVM-Archiv), 65 (Wolfgang Bügel), 66 o. (DLA Darmstadt (Bellingrodt), 67 (DLA Darmstadt /Maey), 68 (Foto: Wolfgang Bügel), 69 (Slg. Eisenbahnstiftung), 70 (RVM), 73 u. (Slg. Johannes Glöckner/Eisenbahnstiftung), 80 (Robin Fell), 82 (Wolfgang Bügel), 83 (RVM-Filmstelle Berlin), 86 o. u. (Wolfgang Bügel), 87 (Peter Schiffer), 89 o. (Walter Hollnagel), 89 u. (Wolfgang Bügel), 90, 91 (Willi Marotz), 93 (RVM-Filmstelle Berlin), 95 u.(Carl Bellingrodt), 96 (Peter Schiffer), 106 (Willi Marotz), 107 (Ludger Kenning), 108 (Carl Bellingrodt), 109 (M. Polnik);

Bernd Franco Hoffmann: 8, 104, 105, 110 o.u. ,111, 113, 114, 115 o.u., 117, 121, 123, 118, 120 o.u., 122;

Repro BFH: 18, 23, 27, 30, 34, 38, 40, 43 o.u., 46 o. u., 47 o.u., 58, 59 o.u., 63, 66 u., 71 o.u., 72 o. u. 73 o., 81, 85, 88, 92, 94;

Historisches Zentrum Wuppertal: 12 u., 13, 16, 19, 21, 22, 28, 48 u., 56 o.;

Roland Keller: Umschlagfotos vorne und hinten, 74, 75, 76, 77, 78, 79, 95 o., 119;

Kreisarchiv Rheinisch-Bergischer Kreis (Albert Günther): 54, 98, 102;

Stadtarchiv Bergisch Gladbach: 53, 55; Sammlung VOBA: Übersichtskarte 7; Osthaus-Museum Hagen: 12 o.; Stadtarchiv Hagen: 20; Sammlung Nickolay: 51; Dechant Neuwinger: 52 o.; Sammlung Erich Kahl: 57;

Stadtarchiv Düsseldorf: 64; Christoph Marschner: 84; Brauerei Sünner: 99; Sammlung Wolfgang Schreck: 101; DGEG: 103; Reinhold Budde: 112; Frank Zarges: 116

Sutton Verlag GmbH
Arnstädter Straße 8
99086 Erfurt
www.suttonverlag.de

1. Auflage, 2023
ISBN: 978-3-96303-454-1
Gestaltung: Sutton Verlag
Druck: Florjančič Tisk d.o.o. / Slowenien

Inhaltsverzeichnis

Als Strecken noch gebaut und nicht stillgelegt wurden

Vorwort zur Bergisch-Märkischen Eisenbahngesellschaft

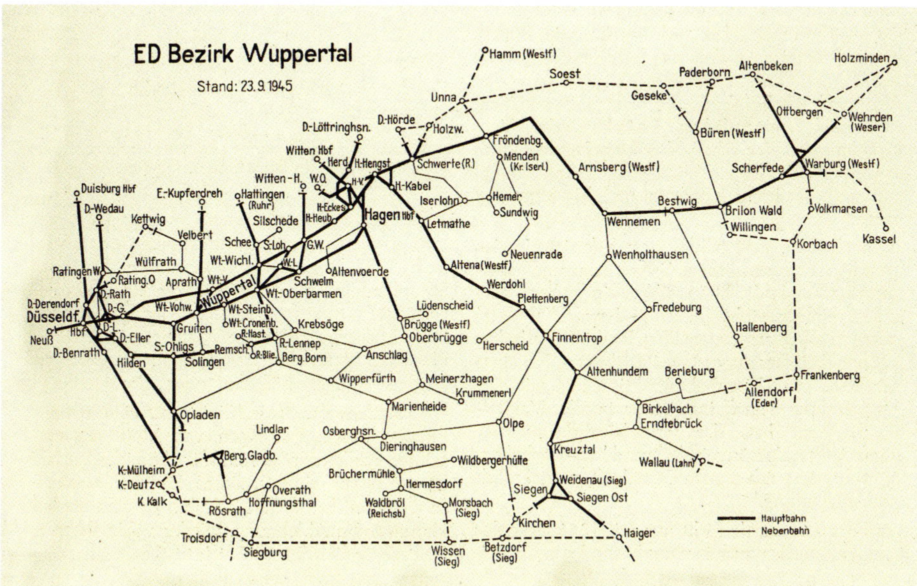

Die Karte zeigt das Schienennetz der Eisenbahndirektion Elberfeld im Jahre 1945. Die meisten Strecken baute die Bergisch-Märkische Eisenbahngesellschaft.

Personenzüge vor blühenden Rapsfeldern, Güterzüge, die gemütlich an einer Kuhweide vorbeizuckeln und Triebwagen als Blickfang einer idyllischen Kirchdorfkulisse: Die „Obere Ruhrtalbahn“ zwischen Schwerte und Warburg zählt zu den landschaftlich reizvollen Strecken. Erbaut hat diese Verbindung einst die Bergisch-Märkische Eisenbahngesellschaft (BME), natürlich nicht, um Bahntouristen einen schönen Ausblick zu bieten, sondern um beispielsweise mit Kohlezügen ordentlich „Kohle zu machen“. Denn Mitte des 19. Jahrhunderts wurden Eisenbahnstrecken in der Regel nicht von staatlichen Behörden, sondern von privaten Eisenbahngesellschaften gebaut. Es waren in der Regel Bankleute, Industrielle und Unternehmer, die den Eisenbahnbau und damit die Industrialisierung vorantrieben.

Die 1843 in Elberfeld gegründete BME gehörte neben der Köln-Mindener-Eisenbahn und der Rheinischen Eisenbahngesellschaft rund ein halbes Jahrhundert zu den umtrie-

Fundstücke: Bei Ausgrabungen am Rheinufer in Köln-Deutz wurden Relikte der BME gefunden.

bigsten Eisenbahnunternehmen, die in kurzer Zeit zahlreiche Schienenwege durch die deutsche Landschaft schlugen. Viele bevölkerungsarme Landstriche erhielten durch die BME endlich ihren ersehnten Eisenbahnanschluss. Bei den Recherchen zu meinen Büchern „Stillgelegte Bahnstrecken im Bergischen Land" und „Stillgelegte Bahnstrecken im Rheinland" bin ich deshalb immer wieder auf die Aktivitäten der damals allerdings oft kritisierten und wegen ihrer angeblichen Verzögerungstaktik argwöhnisch beäugten BME gestoßen, was mich schließlich zu diesem neuen Buch inspiriert hat. Schon früh musste die BME finanziell Federn lassen und wurde staatlich kontrolliert. Der zermürbende Konkurrenzkampf der privaten Eisenbahnunternehmen untereinander sorgte schließlich für die Verstaatlichung und das endgültige Aus. Viele der damals frenetisch gefeierten Nebenbahnen sind inzwischen stillgelegt oder mussten Radwegen weichen.

Die meisten Streckenkilometer überlebten jedoch Rationalisierung, Entwidmung und Demontage. Auch heute sind auf dem Schienennetz der BME über den Rhein sowie durch die Täler von Wupper, Ruhr und Volme bis nach Berlin täglich zahlreiche Personen- und Güterzüge unterwegs. Zwar ist die BME ansonsten aus den Erinnerungen der Menschen verschwunden und nur noch ein Fall für Eisenbahnhistoriker, doch manchmal tauchen jahrzehntelang verschwundene Relikte wieder auf. In Köln-Deutz entdeckten Mitarbeiter der Bodendenkmalpflege im Jahre 2010 bei Ausgrabungen am Rheinboulevard u. a. die Toilettenanlage und die Drehscheibe des ehemaligen Bahnhofs Schiffbrücke der BME. Durch Integration der Drehscheibe sowie dreier gemauerter Bögen des ehemaligen Eisenbahndamms in den Rheinboulevard wird der BME ein kleines Denkmal gesetzt.

Dieses Buch erzählt chronologisch anhand der einzelnen Strecken die Geschichte der BME. Folgen Sie mir zurück in eine Zeit, als Eisenbahnstrecken noch gebaut und nicht stillgelegt wurden. Es war eine Ära, in der unzählige Arbeiter gewaltige Erdmassen bewegten, beim Brückenbau ums Leben kamen und mit ihrem oft schlecht bezahlten Einsatz die Grundlage für ein weit verzweigtes Schienennetz legten, ohne das der heutige Bahnverkehr nicht denkbar wäre.

Meine Internet- und Facebookseiten werden weiterhin über die Ereignisse rund um die Bücher informieren. Über Anregungen und Hinweise freue ich mich ebenfalls.
Bernd Franco Hoffmann (www.bfhoffmann.de, E-Mail: bf-hoffmann@netcologne.de)

- Informiert über das Buch „Stillgelegte Bahnstrecken im Rheinland“:
  https://www.facebook.com/pages/Stillgelegte-Bahnstrecken-im-Rheinland/589779194414355?ref=hl

- Informiert über das Buch „Stillgelegte Bahnstrecken im Bergischen Land“:
  https://www.facebook.com/StillgelegteBahnstreckenImBergischenLand

- Informiert über das Buch „Bergisch-Märkische Eisenbahn“:
  https://www.facebook.com/pages/Über-Wupper-Ruhr-und-Volme-Die-Bergisch-Märkische-Eisenbahn/933840889969117

- Trailer zu den Eisenbahnbüchern:
  https://www.facebook.com/pages/Stillgelegte-Bahnstrecken-TV/1466542650274947

Kurze Chronologie der Eisenbahndirektion Elberfeld

1843: Gründung der Bergisch-Märkischen Eisenbahngesellschaft

1850: Gründung der „Königlichen Direction der Bergisch-Märkischen Eisenbahn", um die BME staatlich zu verwalten

1895: Die „Königliche Direction der Bergisch-Märkischen Eisenbahn" wird in „Königliche Eisenbahndirection Elberfeld" umbenannt

1922: Umbenennung in „Reichsbahndirektion Elberfeld"

1930: Umbenennung in „Reichsbahndirektion Wuppertal"

1949: Umbenennung in „Eisenbahndirektion Wuppertal"

1953 bis 1974: Bundesbahndirektion Wuppertal

1974 bis 1993: Der westliche Streckenbereich in Wuppertal, Remscheid und Solingen wechselt zur Bundesbahndirektion Köln, der östliche Bereich mit Hagen und Siegen zur Bundesbahndirektion Essen.

Seit 1994: Deutsche Bahn AG (DB)

1. Eine Bahn für Brot und Brennstoff

18. Oktober 1843: Die Gründung der Bergisch-Märkischen Eisenbahngesellschaft

Goldgulden für das Garnprivileg

861 Goldgulden – diesen Betrag kratzten im Jahre 1527 rund 40 angesehene Bürger, Kaufleute und Handwerker aus den bergischen Städten Elberfeld und Barmen zusammen. Überreicht wurde dieses pralle Goldsäckel dem Herzog Johann III. von Jülich und Berg. Die Sammelaktion geschah nicht, weil die Barmer und Elberfelder dem damals 37-jährigen Herzog eine kleine Freude bereiten wollten. Vielmehr erwarteten die Bewohner für diesen Betrag eine Gegenleistung: Herzog Johann, von manchen wegen seines ausgleichenden Charakters auch der „Friedfertige" genannt, herrschte nämlich zu diesem Zeitpunkt seit sechs Jahren über die Vereinigten Herzogtümer Jülich, Kleve und Berg; ein Reich, zu dem auch Barmen und Elberfeld zählten. Der friedfertige Johann war somit zu einem der mächtigsten Fürsten im deutschen Westen aufgestiegen. Und weil, wer Macht besitzt, Privilegien erteilen kann, gewährte Johann den Bürgern und Kaufleuten im Land der Dynastie „Berg", besser bekannt als „Bergisches Land", am 29. April 1527 das gewünschte Privileg, Garn exklusiv gewerblich zu bleichen und zu zwirnen. Durch diese Monopolstellung wuchs die Textilindustrie in der Region in den folgenden Jahrzehnten schnell zu einer bedeutenden Wirtschaftsmacht heran. Zwar hob der französische Kaiser Napoleon Bonaparte nach seinen siegreichen Feldzügen im Jahre 1810 das Monopol auf, doch hatte sich zu diesem Zeitpunkt das Tal der Wupper schon längst zu einem blühenden Handels- und Gewerbezentrum entwickelt. Dafür sorgte auch das Königreich Preußen, das ab 1815 über die Provinz Rheinland regierte und dort nach französischem Vorbild die Gewerbefreiheit einführte. Die Dampfmaschine war die Keimzelle für die Industrialisierung, die neue Arbeitsplätze schuf und viele Menschen aus den umliegenden Ortschaften anlockte. In Elberfeld und Barmen war die Einwohnerzahl seit der Industrialisierung bis zum Jahr 1821 auf über 20.000 angewachsen. Zahlreiche Pferdefuhrwerke fuhren täglich bergauf und bergab, um die pulsierenden Städte und Fabriken mit Kohle, Rohstoffen und Waren zu versorgen. Ein zeitraubendes Unterfangen, denn ein Pferdefuhrwerk benötigte von Elberfeld zum Düsseldorfer Rheinhafen rund sechs Stunden. Rohstoffe aus Nord- und Mitteldeutschland, die via Minden nach Elberfeld gelangten, waren sogar sechs Tage unterwegs. Die an besseren Verkehrswegen gelegene Konkurrenz war da im Vorteil und die bergisch-märkische Wirtschaft sah allmählich ihre Felle davonschwimmen.

Ein Herz für die Schiene: Der Industrielle Friedrich Harkort war ein Vorkämpfer für die Eisenbahn.

Harkort schreibt für „Hermann“

Die Gefahr, wirtschaftlich ins Abseits zu geraten, erkannte auch Friedrich Harkort. Der Unternehmer aus dem märkischen Haspe war eine Art Multitalent, der in einem verfallenen Burgturm im westfälischen Wetter alles Mögliche vom Treppengeländer über Zahnräder bis hin zum Bügeleisen fabrizierte. Harkort sah im Eisenbahnbau, der zu dieser Zeit noch in den Kinderschuhen steckte, die Lösung vieler Verkehrsprobleme und ging deshalb in die Offensive. Schon zehn Jahre bevor in Deutschland im Dezember 1835 die erste Eisenbahn zwischen Nürnberg und Fürth rollte, regte Harkort im März 1825 in der Schwelmer Zeitschrift „Hermann“ den Eisenbahnbau vom Bergisch-Märkischen Land über das Ruhrgebiet bis zu den Nordseehäfen an. „Sämtliche Ruhrzechen erhielten durch eine Eisenbahn den unschätzbaren Vorteil eines raschen, regelmäßigen Absatzes unter großen Frachteinsparungen“, schrieb er. Harkort ging mit gutem Beispiel voran und

Eine pfiffige Idee war die Pferde-Schwebebahn von Friedrich Harkort.

baute ein Jahr später in seiner Werkstatt eine Testbahn, bei der die Transportkörbe an Achsen, über dem Boden schwebend, von Pferden gezogen wurden.

Eine Idee, die ankommt

Die Idee kam an und führte in Elberfeld zu einem Komitee unter Führung des damals amtierenden Oberbürgermeisters Johann Rütger Brüning, das Gelder für die angedachte Pferdeeisenbahn von der Ruhr an die Wupper akquirieren wollte. Die Linie sollte nach den damaligen Plänen entweder von Elberfeld aus nach Hinzbeck an der Ruhr oder von Elberfeld über Langenberg durch das Deilbachtal laufen. Der Plan rief jedoch auch Kritiker auf den Plan, die sich u. a. für eine zweigleisige Schienenbahn mit Dampfwagen stark machten. Schwerer wogen aber die Widerstände der Grubenbesitzer, die nicht für einen Bahnanschluss vorgesehen waren und Beschwerde einlegten. Das märkische Oberbergamt sorgte dann mit einem Protestschreiben an das preußische Handelsministerium prompt dafür, dass die Pläne zunächst eingefroren wurden. Es war die Zeit, als sich Preußen noch nicht sonderlich für die Eisenbahn interessierte und entsprechende Aktivitäten vornehmlich Kaufleuten, Bankiers und Industriellen überließ.

Mit Pferdekraft durchs Muttental

Der Siegeszug der Schiene war im Bergischen Land jedoch nicht aufzuhalten. Zunächst entstand im Jahre 1829 die schmalspurige „Muttentalbahn". Mit von Pferden gezogenen Wagen wurde die Kohle von den Gruben im Muttental bis zur Hauptstraße Witten–

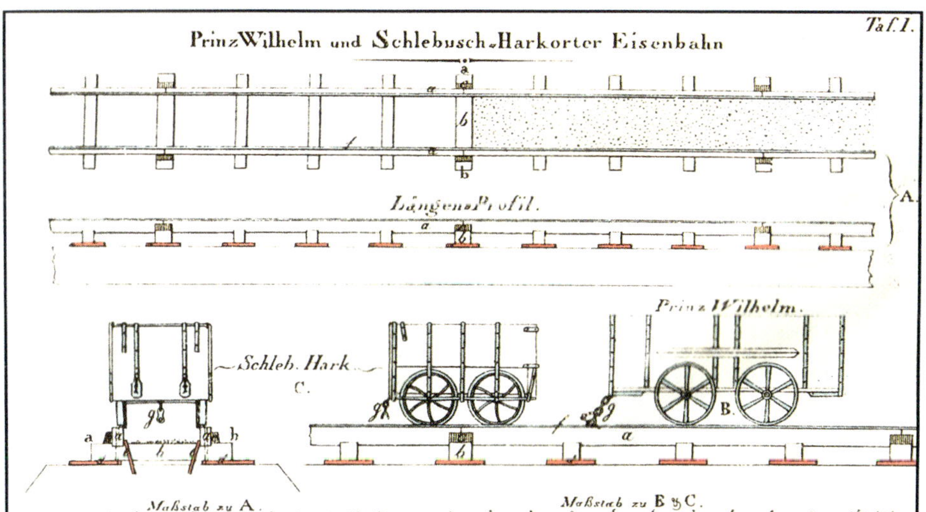

Erfolgsmodelle waren die Prinz-Wilhelm- und Schlebusch-Harkorter Eisenbahnen.

Elberfeld transportiert, wo die Betreiber eigens ein Hauptkohlenlager einrichteten. Auch Harkort blieb am Ball: Seine im selben Jahr entstandene Schlebusch-Harkorter Eisenbahn war ebenfalls eine zweigleisige Pferdebahn, die von der Zeche „Trappe" bei Schlebusch sieben Kilometer lang nach Harkort bei Haspe führte und damit die erste Eisenbahn Deutschlands mit dieser stolzen Länge war. Zwei Jahre später war dann auch die zunächst verschobene Deilbachtal-Kohlenbahn fertiggestellt, die im Ruhrgebiet von Essen über das Deilbachtal zur Straße nach Elberfeld führte. Feierlich eröffnet wurde diese Pferdebahn am 20. September 1831 von Preußens Prinz Wilhelm, einem Bruder von König Friedrich Wilhelm II. Fortan war „Seine Majestät" der Namensgeber der „Prinz-Wilhelm-Eisenbahn", die später nicht nur Kohlen, sondern auch Personen befördern sollte.

Raus aus der Region

Die Zahl der mit Pferdekraft betriebenen Kohlenbahnen wuchs nun in der Region kontinuierlich, wenn auch nur jeweils über vergleichsweise kurze Distanzen. Schon entstanden in manchen Köpfen kühne Visionen von längeren Schienenwegen, die nicht nur das Umland, sondern auch die weiter entfernten Seehäfen in Antwerpen und Bremen erreichen sollten. Der rührige Visionär Harkort veröffentlichte im März 1833 noch einmal eine Denkschrift namens „Die Eisenbahn von Minden nach Köln". Hierbei betonte er erneut, dass vor allem die Industrie im Bergischen Land dringend eine Eisenbahn benötige, zumal durch den Wegfall der Zollschranken in Preußen ein einheitlicher Wirtschafts-

Die Loks der Strecke Düsseldorf–Elberfeld wurden jahrzehntelang mit einer Seilzuganlage über die Steilrampe von Erkrath nach Hochdahl befördert.

Ein imposantes Bauwerk war der erste Sonnborner Viadukt auf der Strecke Düsseldorf–Elberfeld.

raum entstand. In den nächsten Jahren gründeten sich dann Komitees, die jeweils eigene Linien favorisierten. Und Preußen verteilte offenbar ein wenig wahllos Konzessionen an Gesellschaften, die das nötige Geld für den Streckenbau dann doch nicht aufbrachten. Ein entscheidender Durchbruch gelang dann der im Oktober 1835 gegründeten Düsseldorf-Elberfelder Gesellschaft, die sich eifrig um die namensgebende Linie bemüht hatte und von Preußen am 23. September 1837 mit der dafür nötigen Konzession belohnt wurde. Unterstützt vom Elberfelder Bankier August Freiherr von der Heydt konnte die Gesellschaft am 1. Dezember 1838 zunächst die Teilstrecke von Düsseldorf über Gerresheim nach Erkrath für den Güterverkehr und 20 Tage später auch für den Personenverkehr eröffnen. Die Gesamtstrecke war dann am 1. Dezember 1841 für den Güter- und Personenverkehr fertiggestellt. Eine beachtliche Leistung, denn der gewaltige Höhenunterschied von 82 Metern auf rund 2,5 Kilometern Länge zwischen Hochdahl und Erkrath musste sogar noch bis 1926 mit einem Seilzugbetrieb überwunden werden. Neben dieser über hundert Jahre lang steilsten Hauptbahn Europas war der über die Wupper führende Viadukt bei Sonnborn das größte Bauwerk der Strecke.

Wieder Morgenluft gewittert

Während die Menschen die erste Eisenbahn entlang der Wupper frenetisch feierten, hatte der größte Teil des bergischen Industriegebietes hinter Elberfeld eisenbahnmäßig weiter das Nachsehen. Die Unternehmer im bergisch-märkischen Raum hofften jetzt auf David Hansemann. Der Vizepräsident der im Juli 1835 gegründeten „Rheinischen Eisenbahngesellschaft“ hatte nämlich im Jahr 1840 das zuvor mangels Masse gescheiterte Projekt einer Köln-Mindener Eisenbahn wieder aufgegriffen. Hansemann, dessen Gesellschaft bereits emsig an der Strecke von Köln über Aachen nach Belgien baute, versprach sich von einer Bahnlinie, die vom rheinischen Köln ins westfälische Minden führen sollte, einen ordentlichen Profit. Der gewiefte Kaufmann gründete umgehend ein Projektteam, das drei mögliche Linien untersuchte und weil dabei auch eine Verbindung von Elberfeld über Hagen nach Unna diskutiert wurde, witterte man zwischen Berg und Mark wieder Morgenluft. Hansemann schreckte jedoch vor einem kostspieligen Bauvorhaben durch die Bergisch-Märkische Hügellandschaft zurück und entschied sich schließlich für eine Verbindung, die von Köln über Duisburg, Oberhausen, Gelsenkirchen, Dortmund und Hamm nach Minden führen sollte. Die verärgerten Vertreter des Wuppertals griffen daraufhin zur Selbsthilfe und gründeten im August 1842 unter Führung von August von der Heydt ihrerseits das „Bergisch-Märkische Eisenbahnkomitee“, um dadurch endlich den Bau einer Bahn von Elberfeld weiter nach Westfalen zu erreichen. Der jetzt regierende und eher konservative König Friedrich Wilhelm IV. lehnte diese Pläne jedoch ab und genehmigte stattdessen das Köln-Mindener Projekt. Die Regierung in Berlin bestand aber darauf, dass diese Strecke nicht von der Rheinischen Eisenbahngesellschaft, sondern von einer neuen selbstständigen Firma gebaut werden sollte. Die eigens dafür im Oktober 1843 gegründete „Köln-Mindener-Eisenbahngesellschaft“ (KME) erhielt die Konzession

Der heutige Bahnhof Wuppertal-Steinbeck war noch im Jahr 1842 die Endstation der Düsseldorfer-Elberfelder Eisenbahn.

bereits zwei Monate später. Das erste Teilstück von Deutz bis Düsseldorf wurde dann am 20. Dezember 1845 eröffnet und die gesamte Strecke bis zur Landesgrenze bei Minden am 15. Oktober 1847 fertiggestellt.

Unermüdlich verhandelt

Die Wuppertaler gaben nicht auf und verhandelten unermüdlich mit der Regierung, um doch noch die Linie Elberfeld–Dortmund zu realisieren. Eine Delegation, bestehend aus dem Elberfelder Oberbürgermeister Johann Adolf von Carnap, dem Barmer Bürgermeister Carl Wilhelm Wilckhaus und dem Elberfelder Realschuldirektor Peter Nikolaus Caspar Egen, erreichte dann in Berlin durch weitere Verhandlungen zumindest, dass der König seine ablehnende Haltung gegenüber der Eisenbahnlinie von Elberfeld nach Dortmund allmählich aufgab und eine mögliche staatliche Unterstützung signalisierte.

Umgehend beantragten die politischen Vertreter noch im Gründungsjahr der KME beim König die Konzession einer Eisenbahn von Elberfeld über Hagen nach Dortmund. Damit sollten das Tal der Wupper in Dortmund an die KME-Strecke und die dortigen Kohlengruben an der Ruhr angeschlossen werden. Kurz darauf sicherte der damalige Finanzminister Carl von Bodelschwingh eine zinslose Staatsbeteiligung von 25 Prozent des Anlagekapitals zu. Nachdem Preußen und das Bankhaus von der Heydts noch erhebliche Mengen an Aktienkapital zugesteuert hatten, war für den Bau der Strecke bereits eine Summe von drei Millionen Talern erreicht. Jetzt musste nur noch eine entsprechende Organisation gegründet werden, um alle Kräfte zu bündeln.

Die Wünsche von Berg und Mark erfüllt

Es war der 18. und der 19. Oktober 1843, als in Elberfeld 145 Aktionäre die Bergisch-Märkische Eisenbahngesellschaft (BME) gründeten. Die Teilnehmer wählten einen Verwaltungsrat und das mittlerweile angehäufte Grundkapital von vier Millionen Talern wurde umgehend nach Berlin eingereicht, um endlich die Konzession zu bekommen. Um die Angelegenheit zu beschleunigen, schickte die Verwaltung noch einmal Elberfelds Oberbürgermeister von Carnap und Barmens Bürgermeister Wilckhaus nach Berlin. Beide vermeldeten dann am 11. März 1844 erleichtert, „dass die Wünsche von Berg und Mark erfüllt sind“.

Ein Stein fiel den Verantwortlichen vom Herzen, als der König am 12. Juli 1844 die entsprechende „Concessions- und Bestätigungs-Urkunde“ für die neue Gesellschaft unterschrieben hatte. Mit dem Weiterbau einer Eisenbahn durch das Tal der Wupper konnte nun begonnen werden. Der langjährige, mühselige und nervenaufreibende Einsatz der Barmer und Elberfelder Bürger hatte sich am Ende doch noch ausgezahlt.

2. Spiel auf Zeit

29. Dezember 1848: Die Eröffnung der Strecke Elberfeld–Dortmund

Wichtige Stationen: Wuppertal Hbf (Elberfeld), Schwelm, Ennepetal, Hagen, Witten, Dortmund

Nach Schwelm führte im Oktober 1847 das erste Teilstück der Linie Elberfeld–Dortmund.

Durchbruch am Döppersberg

Entsprechend motiviert und euphorisch ging die frisch gegründete Gesellschaft daran, die Strecke durch das Tal der Wupper zu realisieren. Die Verantwortlichen engagierten im Frühjahr 1844 mit dem Oberingenieur, der die Braunschweig-Harzburger Bahn realisiert hatte, einen erfahrenen Baumeister. Präsident des Verwaltungsrats war während dieser gesamten Bauperiode der damalige Kommerzienrat und spätere Staatsminister August Freiherr von der Heydt, der für die Eisenbahn noch eine wichtige Rolle spielen sollte. Zudem hatte die Gesellschaft bereits den Grunderwerb für ein zweites Gleis

Der Bahnhof Döppersberg war der erste Bahnhof der Bergisch-Märkischen Eisenbahn.

berücksichtigt. Die Verantwortlichen planten also scheinbar vorausschauend und so schien alles wie am sprichwörtlichen Schnürchen zu klappen. Die Bauarbeiten begannen im Herbst 1844 und am 9. Oktober 1847 konnte das erste Teilstück von Elberfeld bis Schwelm für den Personenverkehr eröffnet werden.

Zugleich entstand der erste Bahnhof der Bergisch-Märkischen Eisenbahn am Ausgangspunkt Elberfeld-Döppersberg, wo auch eine Lokstation eingerichtet wurde. Allerdings hatte der Bahnhof zunächst keine Verbindung zum knapp einen Kilometer westlich gelegenen Bahnhof Steinbeck der Düsseldorf-Elberfelder Gesellschaft. Diese Verbindung wurde erst nach dem Durchstich eines Abhangs im Dezember 1848 möglich. Dann jedoch häuften sich die Probleme. Von Schwelm nach Witten gingen die Arbeiten nur mühsam voran. Hansemann hatte also nicht umsonst vor dem Eisenbahnbau durch die Hügellandschaft zurückgeschreckt. Die Erdarbeiten waren ebenso aufwändig wie zeitraubend, musste doch die BME beispielsweise zwischen Ennepetal und Gevelsberg einen 340 Meter langen Eisenbahndamm errichten, dessen Durchlass später für den Bau der Ennepetalbahn verwendet wurde.

Die Euphorie weicht dem Entsetzen

Zudem waren die Kosten für den Grundstückserwerb höher als ursprünglich kalkuliert und dann stiegen inflationsbedingt auch noch die Lebensmittelpreise. Die unterbezahlten Fabrikarbeiter begehrten auf und forderten höhere Löhne. Einen Arbeiteraufstand ließ

Mit dem Bau der Bergisch-Märkischen Eisenbahn von Elberfeld nach Dortmund erhielt auch die Stadt Hagen einen Bahnhof.

Friedrich Wilhelm IV. im März 1848 blutig niederschlagen. Auch beim Bahnbau streikten die Arbeiter und Handlanger für bessere Bezahlung. Die Bahnverwaltung führte die Baumaßnahme nicht selbst durch, sondern beauftragte verschiedene Subunternehmer, die ihre Tagelöhner und Wanderarbeiter in der Regel nur karg entlohnten.

Wegen der primitiven Arbeitsbedingungen ging der Bau nur langsam voran und zu allem Überfluss geriet die BME auch noch in Zahlungsschwierigkeiten. Entsetzt mussten die Verantwortlichen registrieren, dass die Aktienkurse sanken und das Anlagekapital für die Fertigstellung der Strecke bei weitem nicht ausreichen würde. Die Hoffnung, das finanzielle Loch mit einer Anleihe von 600.000 Talern stopfen zu können, erfüllte sich nicht, doch erreichte die Direktion dann zumindest, dass Preußen ein Darlehen von 400.000 Talern gewährte. Wegen der vielen Verzögerungen konnte dann die rund 58 Kilometer lange Gesamtstrecke von Elberfeld über Hagen bis Dortmund erst am 29. Dezember 1848 für den Güterverkehr und am 9. März 1849 für den Personenverkehr eröffnet werden.

Weil hier bereits die KME-Strecke verlief, wurde Dortmund nun mit den Zügen der BME zum ersten Eisenbahnknotenpunkt des entstehenden Industriereviers. Bis zum Jahre 1857 baute die BME die Strecke dann zweigleisig aus.

Der Bahnhof der BME in Dortmund war direkt neben dem des Konkurrenten KME angelegt worden. Für die recht aufwändige Strecke mussten u. a. die Flüsse Ruhr, Wupper und Emscher überbrückt werden, doch konnte man nun, wenn auch nur mit Umsteigen, von Düsseldorf durchs Tal der Wupper weiter über Hagen bis nach Dortmund reisen, wo es einen Anschluss an die KME nach Minden gab. Doch die BME war keineswegs in

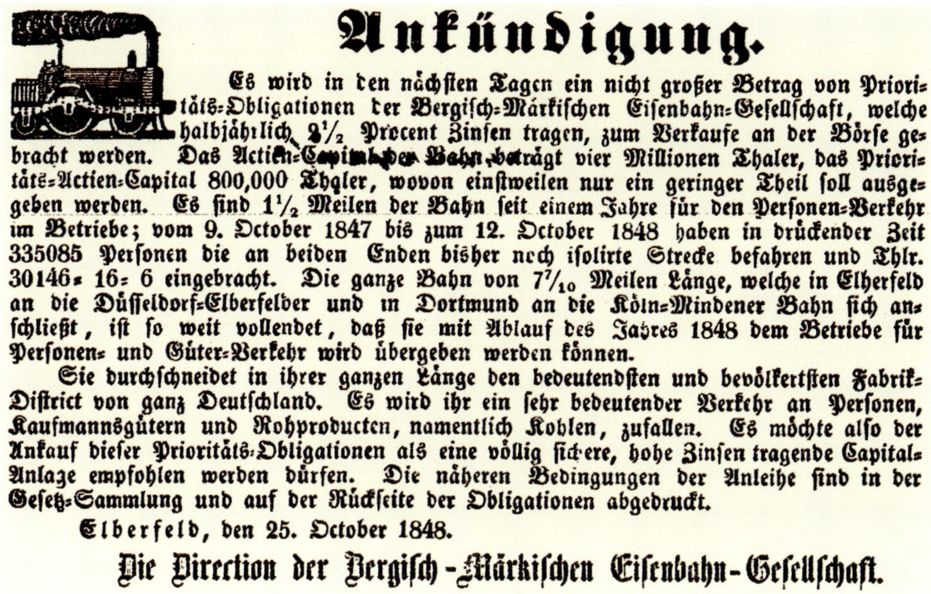

Ankündigung.

Es wird in den nächsten Tagen ein nicht großer Betrag von Prioritäts-Obligationen der Bergisch-Märkischen Eisenbahn-Gesellschaft, welche halbjährlich 3½ Procent Zinsen tragen, zum Verkaufe an der Börse gebracht werden. Das Actien-Capital der Bahn beträgt vier Millionen Thaler, das Prioritäts-Actien-Capital 800,000 Thaler, wovon einstweilen nur ein geringer Theil soll ausgegeben werden. Es sind 1½ Meilen der Bahn seit einem Jahre für den Personen-Verkehr im Betriebe; vom 9. October 1847 bis zum 12. October 1848 haben in drückender Zeit 335085 Personen die an beiden Enden bisher noch isolirte Strecke befahren und Thlr. 30146. 16. 6 eingebracht. Die ganze Bahn von $7\frac{7}{10}$ Meilen Länge, welche in Elberfeld an die Düsseldorf-Elberfelder und in Dortmund an die Köln-Mindener Bahn sich anschließt, ist so weit vollendet, daß sie mit Ablauf des Jahres 1848 dem Betriebe für Personen- und Güter-Verkehr wird übergeben werden können.

Sie durchschneidet in ihrer ganzen Länge den bedeutendsten und bevölkertsten Fabrik-District von ganz Deutschland. Es wird ihr ein sehr bedeutender Verkehr an Personen, Kaufmannsgütern und Rohproducten, namentlich Kohlen, zufallen. Es möchte also der Ankauf dieser Prioritäts-Obligationen als eine völlig sichere, hohe Zinsen tragende Capital-Anlage empfohlen werden dürfen. Die näheren Bedingungen der Anleihe sind in der Gesetz-Sammlung und auf der Rückseite der Obligationen abgedruckt.

Elberfeld, den 25. October 1848.

Die Direction der Bergisch-Märkischen Eisenbahn-Gesellschaft.

Die BME kündigt in der Elberfelder Zeitung vom 1. November 1848 die Prioritäts-Obligationen an.

Feierstimmung, denn es gab ernste Geldsorgen, konnte doch das preußische Staatsdarlehen nicht wie vereinbart am 1. Januar 1849 komplett zurückgezahlt werden. Zumindest gelang es der Direktion, dass sich der Schuldner im Sommer 1850 zunächst mit 150.000 Talern zufrieden stellte.

Privates Unternehmen staatlich kontrolliert

Kaum war dieses Hindernis überwunden, türmten sich neue auf: Nach Fertigstellung der Strecke fehlten an mehreren Stationen wie Haspe, Herdecke und Wetter nicht nur die repräsentativen Empfangsgebäude, sondern auch noch Lok- und Güterschuppen. Damit war verkehrsmäßig natürlich überhaupt kein Staat zu machen. Eine Berechnung ergab im September 1849, dass die Gesellschaft für diese Bauarbeiten noch einmal 1,2 Millionen Taler hätte investieren müssen. Weil der Versuch fehlschlug, sich das Geld durch Verpfändung der Betriebsmittel auf dem Kapitalmarkt zu besorgen, musste erneut Preußen in die Bresche springen. Glücklicherweise war der ehemalige BME-Präsident August von der Heydt seit dem 4. Dezember 1848 preußischer Handelsminister und Anhänger der Staatsbahnidee. Das sollte der BME zwar helfen, sie aber schließlich die Selbstständigkeit kosten. Zwar erklärte sich die „Königliche Seehandlung" in Berlin bereit, der BME noch einmal einen Vorschuss von 1,2 Millionen Talern zu gewähren, doch nur mit der Auflage, dass die BME von nun an vom Staat stärker kontrolliert werden sollte.

Unterstützte die BME nach Kräften: Bankier August Freiherr von der Heydt.

Dauerzustand am Döppersberg

Der finanziell klammen Gesellschaft blieb nichts anderes übrig, als sich auf die Bedingung einzulassen. Somit beschlossen die Teilnehmer der außerordentlichen Generalversammlung am 14. August 1850, dass „die Verwaltung der Bergisch-Märkischen Eisenbahn auf Zeit dem Staate angetragen werde", wofür von Staats wegen die „Königliche Direktion der Bergisch-Märkischen Eisenbahn" eingesetzt wurde. Die Übergabe der Verwaltung an den Staat fand am 15. Oktober 1850 statt, ehe die Königliche Eisenbahndirektion unter Vorsitz des Oberbaudirektors August Wilhelm von Hübener noch im selben Jahr in das repräsentative Empfangsgebäude am Döppersberg einzog. Fünf Aktionäre wurden bestimmt, um die Rechte und Interessen der Gesellschaft gegenüber dem Staat zu vertreten. Eine Hintertür blieb der „enteigneten" Gesellschaft aber noch offen, denn nach zehn Jahren konnten sowohl der Staat als auch die Gesellschaft mit einjähriger Frist kündigen. Was jedoch zunächst nur für eine gewisse Zeit geplant war, sollte bis zum Ende ein Dauerzustand bleiben.

3. Über die Hellwegbörden

9. Juli 1855: Die Eröffnung der Strecke Dortmund–Soest

Wichtige Stationen: Dortmund, Unna, Holzwickede, Soest

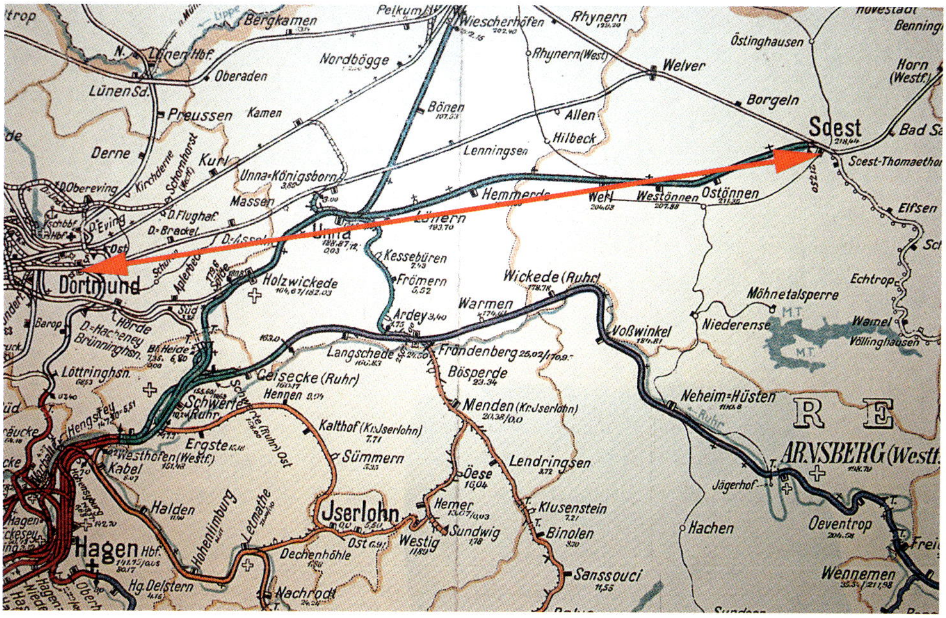

Weiter ging es für die Züge der BME ab 1855 von Dortmund nach Soest.

Der Weg nach Westen

Die Verwaltung der Gesellschaft unter staatlicher Kontrolle sollte sich aber zunächst als Glücksfall erweisen. Die Stammstrecke Elberfeld–Dortmund entwickelte sich schnell zur vielgenutzten und leistungsfähigen Durchfahrtsroute und die Anrainergemeinden erlebten einen wirtschaftlichen Aufschwung. Die Einnahmen aus dem Güterverkehr zwischen Elberfeld und Dortmund nahmen im Laufe der Jahre spürbar zu. Weil die Gewinne aus dem Personenverkehr hingegen stagnierten, führte die BME auf Anregung des Königlichen Ministeriums einen ermäßigten Personengeldtarif ein, um mehr Menschen „auf die Schiene“ zu locken. Was aber noch entscheidender war: Die BME war jetzt unter der

Ein Verkehrsknotenpunkt des Wuppertals war der ehemalige BME-Bahnhof Elberfeld im Jahre 1962 noch vor der Elektrifizierung.

wirtschaftlich soliden Staatsverwaltung gut gerüstet, ein wichtiges Wörtchen unter den großen Eisenbahngesellschaften mitzureden. Mit der bevorstehenden Vollendung der Strecke von Aachen nach Düsseldorf der Aachen-Neuß-Düsseldorfer Eisenbahn-Gesellschaft bestand zudem die Chance, sich noch weiter in Richtung Westen auszubreiten, lag doch die Stammstrecke der BME noch isoliert zwischen den Linien der Düsseldorf-Elberfelder Gesellschaft und der KME.

Möglichkeit gegen den Mischbetrieb

Zähneknirschend musste die BME deshalb auf die Bereitschaft der Konkurrenz hoffen, die Personen und Güter über ihre Netze weiterzutransportieren. Doch Abhilfe war in Sicht: Bereits 1851 hatten hochrangige Vertreter der Städte Dortmund, Hoerde, Unna, Werl und Soest das „Dortmund-Soester Eisenbahnkomitee" gegründet, um für den Bau einer Strecke zwischen diesen beiden Städten die Aktien zu zeichnen. Mit der Strecke von Dortmund weiter über Hoerde, Unna und Werl nach Soest sollte die Eisenbahn über die Hellwegbörden dampfen, um auf diesem Weg günstig Kohle und Eisenprodukte gen Osten zu transportieren. Zudem war damit der Anschluss an die Westfälische Bahn geschafft, die zu diesem Zeitpunkt ab Soest über Paderborn nach Warburg weitergebaut wurde. Preußen sah die Wichtigkeit dieser Verbindung eben-

Ebenfalls ein Verkehrskreuz des Westens ist der Dortmunder Hauptbahnhof auch im Jahre 1962.

falls ein. Zwar gab es einige Diskussionen um die Streckenführung, doch am Ende blieb es bei der ursprünglichen Planung. König Friedrich Wilhelm IV. genehmigte per Kabinettsorder am 3. Juni 1852 die „Anlage und Benutzung einer Eisenbahn von Dortmund über Hoerde, Unna und Werl nach Soest mit Anschluss an die Bergisch-Märkische, die Köln-Mindener und die Westfälische Eisenbahn“. Allerdings blieb die Frage offen, wie dieses Projekt realisiert werden sollte. Es kamen nur zwei Möglichkeiten in Betracht: Entweder wurde für den Bau eine eigene Gesellschaft gegründet und an die Staatsbahn angegliedert oder eine bereits existierende Gesellschaft mit einem benachbarten Eisenbahnunternehmen fusioniert. Das Handelsministerium bevorzugte jedenfalls die zweite Lösung, weil man wie bei der BME keinen weiteren Mischbetrieb aus Staats- und Privatbahn haben wollte.

Ein gleichberechtigtes Glied

Diese Problem löste sich von selbst, weil das bereits existierende Dortmunder-Soester Komitee die BME um eine Zusammenarbeit bat. Allerdings sollte dafür die Verwaltung der BME dauerhaft an die Königliche Direktion übergehen, was auch hier wieder auf den Handelsminister und ehemaligen BME-Vorstand August von der Heydt zurückzuführen war, der als Minister für Preußen bereits zahlreiche Privatbahnen aufkaufte. Die

BME-Vertreter hatten mit dieser Vorgabe offenbar kein Problem – Bedenken wurden zumindest offiziell nicht geäußert und es hatte ja bis dato gut funktioniert. Vielmehr sahen sich die Aktionäre durch den geplanten Weiterbau nach Soest endlich dem Ziel nähergekommen, „ein gleichberechtigtes Glied eines großen Eisenbahnsystems" zu werden. Denn bis dahin, so klagte die Gesellschaft, „sei sie nichts als eine Zweigbahn der Köln-Mindener".

Ein Plätzchen für Prinz Wilhelm

Die BME-Aktionäre stimmten deshalb bei ihrer Generalversammlung am 21. Mai 1853 den staatlich gestellten Bedingungen zu. Nach dem braven Abnicken durch die Gesellschaft stellte sich auch der Staat nicht mehr quer und erteilte die Konzession bereits knapp zwei Monate später am 6. Juli 1853. Keine großen Schwierigkeiten bereitete der Bahnbau, dessen Startschuss am 15. September 1853 in Werl gefallen war. Somit konnte auf dem rund 53 Kilometer langen Abschnitt am 9. Juli 1855 der erste fahrplanmäßige Zug von Dortmund nach Soest verkehren. Der Bahnhof Soest wurde dafür zu einem Gemein-

50 1026 befindet sich vor der Kulisse der Union-Hütte kurz hinter dem Dortmunder Hauptbahnhof.

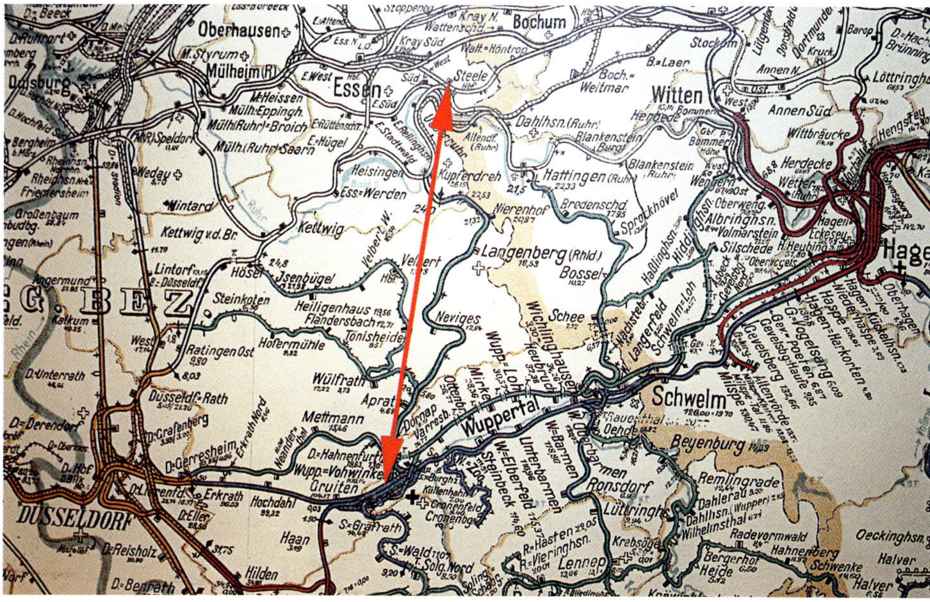

Die Prinz-Wilhelm-Bahn führte von Wuppertal-Vohwinkel bis Essen-Steele.

schaftsbahnhof der Westfälischen Eisenbahn mit der BME umgewandelt. Zunächst verkehrten fünf Zugpaare auf der Strecke und die Reisezeit betrug rund vier Stunden. Der Abschnitt Dortmund–Soest erbrachte dann die erhofften Erträge, zumal Zechen wie „Crone“, „Am Schwaben“ und Bieckefeld einen Gleisanschluss erhielten. Für die BME war dieser Prestigeerfolg der Startschuss, um jetzt unter staatlicher Obhut aggressiv zu expandieren. Um das Schienennetz zu erweitern, wollte die Gesellschaft nicht nur neue Strecken bauen, sondern bereits existierende übernehmen.

Dazu zählte noch vor der endgültigen Fertigstellung der Strecke Dortmund–Soest die im Jahre 1831 so hoffnungsvoll gestartete Deilbachtal-Kohlenbahn, die jetzt offiziell als „Prinz-Wilhelm-Eisenbahn“ firmierte. Die zunächst schmalspurige Pferdebahn war ab 1844 als vollspurige Eisenbahn mit Lokbetrieb ausgebaut und in Vohwinkel an die Düsseldorf-Elberfelder Strecke angeschlossen worden. Die eigens dafür neu gegründete Prinz-Wilhelm-Eisenbahn-Gesellschaft kaufte die alte Pferdebahn für 100.000 Taler an, um sie in dreijähriger Bauzeit vollspurig auszubauen. Die am 1. Dezember 1847 eröffnete Bahn war rund 34 Kilometer lang und führte von der Zeche „Gewalt“ bis nach Vohwinkel an die Düsseldorf-Elberfelder Strecke. Das Transportaufkommen steigerte sich wider Erwarten aber nur schleppend und die Rendite fiel geringer aus als erhofft. Die unzufriedenen Aktionäre boten deshalb im November 1853 die Strecke dem preußischen Staat zum Kauf an. Preußen war aber zunächst nur bereit, die Strecke und den Betrieb zu verwalten und auf die BME zu übertragen. Das erfolgte am 13. März 1854 und aus der „Königlichen Direktion der Bergischen-Märkischen Eisenbahn“ wurde jetzt die „Königliche Eisenbahndirection zu Elberfeld“.

Als Bahnhöfe noch imposant waren: Das klassizistische Empfangsgebäude des alten Bahnhofs Vohwinkel der Düsseldorf-Elberfelder Gesellschaft, das 1973 abgerissen wurde.

Den „Ungeliebten" übernommen

Die Zeichen standen jetzt auf Expansion. Die BME initiierte noch vor der Freigabe der Strecke Dortmund–Soest im Jahre 1855 mit der Verwaltung der Thüringischen Eisenbahn, der Kurfürst-Friedrich-Wilhelms-Nordbahn und der Westfälischen Bahn sowie der Düsseldorf-Elberfelder und der Aachen-Düsseldorf-Ruhrorter Bahn unter dem Namen „Rheinisch-Thüringischer Verband" einen Durchgangsverkehr zwischen Leipzig und Aachen. In diesem Verband begann es jedoch rasch zu rumoren, denn trotz der hohen Frequentierung ärgerte sich die BME über die hohen Tarifsätze der Düsseldorf-Elberfelder Bahn. Ferner stellte diese zu wenig Güterwagen bereit, so dass es immer wieder zu verzögerten Transporten kam. Die BME trachtete danach, sich des Problems zu entledigen, indem sie den „Störenfried“ übernehmen und dadurch die komplette Strecke von Düsseldorf bis Soest unter ihre Kontrolle bringen wollte. Die Aktionäre der Düsseldorf-Elberfelder Bahn versprachen sich ihrerseits von der Übernahme einen weiteren Aufschwung. Somit wurde zwischen beiden Gesellschaften am 22. September 1856 ein entsprechender Fusionsvertrag abgeschlossen.

Eine Gesellschaft wird Geschichte

Als es jedoch ernst mit der Fusion werden sollte, schwante so manchem Düsseldorf-Elberfelder-Vertreter nichts Gutes. Dazu gehörte der Düsseldorfer Kommerzienrat Gerhart Baum, der sich als maßgeblicher Initiator der Gesellschaft bei der Generalversammlung im Gasthof „Zum Prinzen von Preußen“ in der entscheidenden Abstimmung am 7. Januar 1857 der Stimme enthielt. „Ich halte den ganzen Vertrag für kein gutes Geschäft, weil hier nicht mehr von Fusion, sondern nur noch von der Auflösung die Rede ist“, ärgerte sich Baum. Der Einwand wurde von den Aktionären registriert, aber nicht weiter beachtet. Doch der skeptische Baum sollte Recht behalten, denn Vermögen und Betriebsmittel fielen der BME zu und die Düsseldorf-Elberfelder Gesellschaft war nur noch Geschichte. Nach den Übernahmen der Prinz-Wilhelm-Eisenbahn und der Düsseldorf-Elberfelder Bahn konnte der Fahrplan der BME jetzt auf seiner Hauptstrecke zwischen Dortmund und Soest im November 1857 stolz auf Anschlüsse in Dortmund nach Minden und Oberhausen, in Vohwinkel nach Steele sowie in Düsseldorf nach Aachen und Krefeld verweisen. Im Jahre 1860 beförderte die BME immerhin bereits 1,6 Millionen Reisende über den Abschnitt von Düsseldorf nach Dortmund. Doch schon längst stand ein anderes Projekt vor der Verwirklichung, das der BME den entscheidenden Durchbruch ermöglichen sollte.

4. Wettlauf ins Siegerland

21. März 1859: Die Eröffnung der Ruhr-Sieg-Bahn

Wichtige Stationen: Hagen, Letmathe, Altena, Werdohl, Plettenberg, Finnentrop, Kreuztal, Siegen

Von Hagen aus über Altena und Plettenberg bis Siegen führt die Ruhr-Sieg-Bahn der BME.

Eine Linie vom Herrn Landrat

100 Kilometer mit einer Pferdebahn vom Siegerland bis an den Rhein zu fahren dürfte damals so manchem ein mitleidiges Lächeln entlockt haben. Dieser Gedanke schien absurd, nicht aber für die Vertreter der Gemeinden des Siegerlandes, die am 3. Juli 1844 in Olpe einen Aktienverein gründeten. Das Siegener Komitee beabsichtigte den Bau einer Pferdeeisenbahn, die aus dem Kreis Siegen über die Mark in Hagen an die damals bereits genehmigte BME-Strecke von Elberfeld nach Dortmund anschließen sollte. Kein Gedanke war zu exotisch, um endlich verkehrsmäßig das Eisenerz des Siegerlandes mit

der Steinkohle des Ruhrgebiets zu verbinden. Der Staat sah diese Notwendigkeit ebenfalls, eine Pferdebahn aber eher skeptisch. Eine Rentabilitätsrechnung ergab dann schnell, dass nur der Lokbetrieb realistisch war. Preußens Finanzminister beauftragte deshalb 1846 den Mescheder Landrat Friedrich Boese, den günstigsten Trassenverlauf ermitteln zu lassen, worauf dieser eine Linie durch die Täler der Flüsse Lenne und Hundem empfahl. Obwohl der Staat eine Zinsgarantie in Aussicht stellte, verzögerten sich die Planungen wegen des Revolutionsjahres 1848 und der bautechnischen Schwierigkeiten.

Der ungünstigen Neigung abgeneigt

Fünf Jahre später unternahm das Königliche Handelsministerium einen neuen Anlauf. Der vom Staat beauftragte Eisenbahninspektor Theodor Weishaupt schlug neben der Lenne-Hundem-Linie alternativ eine Trasse durch das Tal der Linne und Bigge vor, wie sie einst auch Friedrich Harkort gefordert hatte. Eine weitere Variante war eine Trasse durch das Volmetal über Meinerzhagen und Olpe, wobei Ausgangspunkt aller Strecken der Bahnhof Hagen sein sollte. Olpe und Meinerzhagen sollten noch ihre Bahnlinien bekommen, aber für die Ruhr-Sieg-Strecke schieden diese beiden Verbindungen wegen der ungünstigen Neigungs- und Krümmungsverhältnisse aus. Inzwischen scharrten die

Erwies sich als „Goldesel" für die BME: Die Ruhr-Sieg-Strecke, auf der im Jahr 1937 Lok 38 3076 die Lennebrücke bei Altena überquert.

BME-Vertreter schon mit den Hufen, denn die Strecke versprach ein hohes Transportaufkommen und entsprechende Einnahmen. Die Aktionäre stimmten bei der Generalversammlung am 5. Januar 1856 dem Antrag zu, die Bahn für ein Anlagekapital von 12.500.000 Talern zu bauen. Die Kosten für den Grunderwerb sollten die von der Bahnlinie betroffenen Kreise übernehmen. Die Baugenehmigung per Urkunde erfolgte dann am 30. April 1856.

Mühevoll durchs Mittelgebirge

Die BME war aber nicht die einzige Gesellschaft, die das Siegerland erschließen wollte. Auch der ewige Konkurrent, die KME, begann im Jahre 1857 mit dem Bau der Deutz–Gießener–Eisenbahn, die mit einer Länge von 166 Kilometern auch über Siegen führen sollte. Die BME selbst hatte bereits im Herbst 1856 mit den Bauarbeiten gestartet, doch zogen sich jene für den ersten Abschnitt wegen der schwierigen Topografie der Mittel-

Die Schlote qualmen: Auch die Stadt Werdohl erlebte durch die BME-Strecke von Hagen nach Siegen den wirtschaftlichen Aufschwung.

gebirgslandschaft ziemlich in die Länge. Nicht nur, dass die Arbeiter zahlreiche Dämme aufschütten, elf Tunnel nebst 24 Brücken bauen und sogar das Bett der Lenne verlegen mussten – auch der Kapitalfluss stockte immer mal wieder. Somit konnte der erste, rund 20 Kilometer lange Abschnitt von Hagen nach Letmathe erst am 21. März 1859 eröffnet werden. Danach ging es aber deutlich flotter voran: Der neun Kilometer lange Abschnitt von Letmathe nach Altena und die Abzweigung Herdecke–Einhaus waren am 16. Juli 1860 fertiggestellt, ehe am 6. August 1861 das letzte, rund 76 Kilometer lange Teilstück von Altena bis Siegen in Betrieb genommen werden konnte. Die Eröffnung dieser so lang ersehnten Bahn sollte einen Tag zuvor natürlich entsprechend gefeiert werden – zumindest mit ein paar Sonderfahrten. Doch während der Zug aus Deutz auf der bereits seit Januar fertiggestellten Deutz-Gießener Eisenbahn pünktlich um ein Uhr in Siegen eintraf, warteten die Festgäste auf den Zug aus Altena vergeblich.

Festessen mit Federbruch

Die Gesellschaft vertrieb sich die Wartezeit mit einem ausgiebigen Festessen, als die Meldung eintraf, dass der Zug zwischen Grevenbrück und Altenhundem wegen eines Federbruchs entgleist war. Personen wurden dabei glücklicherweise nicht verletzt, weshalb die Fahrt nach einigen Stunden fortgesetzt werden konnte. Jetzt verfügte die Stadt Siegen gleich über zwei Bahnanschlüsse: Während die BME-Strecke ab Hagen den Weg durch das windungsreiche Tal der Lenne nach Siegen nahm, führte die KME-Linie von Deutz aus über Siegburg und Betzdorf nach Siegen und von dort weiter über Wetzlar nach Gießen. Die zunächst nur eingleisige Ruhr-Sieg-Bahn war in erster Linie für den Güterverkehr gedacht, so dass anfangs nur wenige Personenzüge fuhren. Immerhin konnten die Fahrgäste mit diesen in nur drei Stunden und 20 Minuten von Siegen nach Hagen reisen. Obwohl sich die eigens angeschafften Loks mühsam die windungs- und steigungsreichen Strecke entlangkämpften, ging die Rechnung der BME auf, spülte die Ruhr-Sieg-Bahn doch jährlich eine Millioneneinnahme in die Kassen. Das Transport- und Verkehrsaufkommen wuchs so rasch, dass man 1872 das zweite Gleis verlegte. Mit dieser erfolgreichen Strecke war der Expansionsdrang der aufstrebenden Gesellschaft aber noch längst nicht befriedigt.

5. Rein ins Ruhrgebiet

26. Oktober 1860: Die Eröffnung der Strecke Dortmund–Witten–Duisburg

Wichtige Stationen: Dortmund, Witten, Langendreer, Bochum, Essen-Steele, Mülheim an der Ruhr, Oberhausen, Duisburg

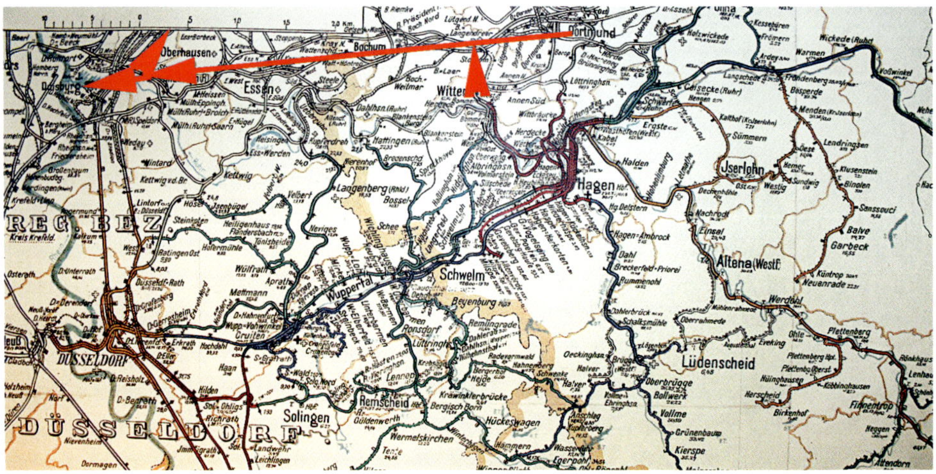

Als Haupt- und Zweig- und Flügelbahn baute die BME die Strecke Dortmund–Witten–Duisburg.

Von Ost nach West

Jetzt wollte die BME auch das Ruhrgebiet „erobern", was einer Kampfansage an den Konkurrenten KME gleichkam. Dessen Züge fuhren nur an der Nord- und Ostgrenze des Kohlereviers entlang, während die BME mitten hinein ins Ruhrgebiet wollte, wozu eine Strecke mit Zweig- und Flügelbahnen vorgesehen war. Die Hauptbahn führte von Dortmund über Langendreer, Bochum und Essen bis Duisburg, hinzu kamen eine Flügelbahn von Witten zum Knotenpunkt Langendreer und eine Zweigbahn von Mülheim nach Oberhausen mit Anschluss an die KME nach Ruhrort und in Richtung Niederlande.

Was die BME mit dem Brückenschlag ins Ruhrgebiet verfolgte, wurde bereits in der Generalversammlung am 5. Januar 1856 protokolliert: „Wir wollen eines der reichsten Kohlen-Reviere der Monarchie, dessen Erzeugnisse bis jetzt entweder mittelst der Zweigbahnen einzelner Zechen, oder vermittelst des Landfuhrwerks auf unvollkommenen Landstraßen und mittelst der Ruhrschifffahrt eine ungenügende Abfuhr finden, und dessen Schätze aus diesem Grunde bis jetzt nur zum geringeren Teile ausgebeutet wurden, durch eine neue Eisenbahn, von Dortmund und von Witten ausgehend, in der Richtung von Ost nach West in seiner ganzen Ausdehnung aufschließen."

Eine Bahn für Borussia

Obwohl der damalige BME-Vorsitzende Wilhelm Ostermann betonte „dass die Bewohner dieses Gebietes den Beschlüssen mit einer Spannung entgegensehen, wovon wir umsonst versuchen würden, eine treue Schilderung zu geben", hing das Projekt lange Zeit in der Schwebe. Die preußische Regierung verlangte nämlich, dass die BME das gesamte Anlagekapital in Höhe von sechs Millionen Talern in Aktien vorweisen sollte – Geld, das die Gesellschaft aber nicht besaß. Die Verantwortlichen mussten deshalb in der Region betteln gehen, um die „Kohle" für die Kohlenbahnen aufzubringen. Glücklicherweise schossen die Gruben wie Pilze aus dem Boden, deren Eigentümer sehnsüchtig einen Bahnanschluss wünschten, so dass die BME überall offene Türen einrannte. So kam durch die Zuschüsse der Zechen und der von der Bahn berührten Städte Bochum, Essen, Mülheim und Duisburg das Geld doch noch zusammen und Preußen erteilte am 21. Juni 1858 die Konzession. Bei der noch im selben Jahr begonnenen Bautätigkeit wurde zunächst von Duisburg aus eine Zweigbahn nach Hochfeld für die dort ansässigen Zechen hergestellt. Diese Strecke war schon im Sommer 1859 fertig und wurde, bis die Hauptbahn bis Duisburg in Betrieb war, der KME überlassen. Innerhalb der Linie von Dortmund nach Langendreer folgte dann aufgrund einer besonderen Vereinbarung mit den beteiligten Zechen bis zum 1. Februar 1860 der Ausbau einer Anschlussbahn zu den Zechen Dorstfeld, Germania und Borussia.

Die BME im Baufieber

Nach einigen Bauverzögerungen wegen schleppender Ratenzahlungen konnte dann mit dem Abschnitt Dortmund–Langendreer und der Zweigbahn von Langendreer nach Laer die Dortmund-Witten-Duisburger Bahn am 4. Oktober 1862 komplett in Betrieb gehen. Die BME befand sich förmlich im Baufieber. Bereits einige Monate zuvor hatte die Gesellschaft in Witten mit dem Bau einer „Centralwerkstatt" begonnen, die am 5. Juni 1863 offiziell eröffnet und in den folgenden Jahren weiter ausgebaut wurde. Um den verstärkten Verkehr durch die neue Linie zu bewältigen und die Verbindungen mit den KME-Zügen zu verbessern, wurden die Bahnhöfe in Dortmund, Witten und Duisburg umgebaut und erweitert. Trotz zahlreicher politischer Krisen in den USA und Europa sowie der nach Missernten in Westfalen und Rheinland hohen Lebensmittelpreise war die BME mit

Der BME-Bahnhof Witten verknüpfte von Beginn an mehrere Strecken. Ein Triebzug der Baureihe 430 sorgt 1984 für einen zügigen Personennahverkehr.

ihren bisher vollendeten Projekten insgesamt zufrieden. Besonders die Ruhr-Sieg-Bahn wirkte sich auch auf die älteren Strecken günstig aus und sorgte für positive Bilanzen im Personen- und Frachtverkehr.

Gleise für die Gruben

Mit der Witten-Duisburger-Bahn konnte die BME jetzt zudem die einträglichen Kohleladungen vom Ruhrzentrum zu den Industriestandorten an Rhein und Wupper transportieren. „Es gibt in unserem deutschen Vaterlande schwerlich eine andere Bahn, die einen solchen Reichtum von Verkehrs-Elementen besitzt, als die unsrige“, bilanzierten die Deputierten bei der Generalversammlung am 29. November 1862. Zudem kaufte die Gesellschaft im Januar 1863 per Fusionsvertrag die von ihr bereits verwaltete Prinz-Wilhelm-Eisenbahn auf. Den Kauf nutzte die BME, um diese Strecke am 1. Juni 1863 in Steele an die Gleise der Witten-Duisburger-Bahn anzuschließen. Damit besaß die BME zwischen den beiden Parallelstrecken Düsseldorf–Hagen und Witten–Duisburg eine durchgehende Verbindungslinie und konnte so zahlreiche Gruben bedienen. Nur wenige Monate später war auch die Zweigbahn für die Zechen von Steele nach Dahlhausen im Betrieb.

Wichtige Rolle im Ruhrgebiet: Der ehemalige BME-Bahnhof Mülheim (Ruhr), an dem 38 2628 im Jahre 1954 mit einem Personenzug nach Essen hält.

Ein Trajekt für den Transport

Damit war zugleich die Grundlage für die spätere Ruhrtalbahn gelegt. Um zudem die Kohle auch zu den Seehäfen in Belgien und den Niederlanden transportieren zu können, plante die BME von der Strecke Witten–Duisburg zudem eine Zweigbahn, die von Mülheim-Styrum zum Ruhrorter Hafen an den Rhein führen sollte. Um dort Waren auf die andere Rheinseite zu transportieren, übernahm die BME am 1. Januar 1866 die Königliche Direction der Aachen-Düsseldorf-Ruhrorter Eisenbahn, die zuvor aus der Ruhrort-Krefeld-Kreis-Gladbacher und der Aachen-Düsseldorfer Gesellschaft entstanden war.

Die Aachen-Düsseldorfer Gesellschaft hatte u. a. am 12. August 1852 ab Rheydt den ersten Abschnitt ihrer Eisenbahnstrecke von Aachen über Neuss (bis 1968 noch „Neuß" geschrieben) nach Mönchengladbach eröffnet. Die Verlängerung nach Aachen war mit den Stationen Templerbend und Marschiertor am 17. Januar 1853 geschafft. Die Ruhrort-Krefeld-Kreis-Gladbacher Gesellschaft hatte die Strecke von Homberg am Rhein über Krefeld nach Viersen und Gladbach gebaut. Dazu gehörte in Duisburg-Ruhrort eine Eisenbahnfährverbindung, ein sogenanntes „Trajekt", um die Ruhrkohle zu den Industriehäfen nach Homberg auf die linke Rheinseite zu bringen. Die BME hatte bereits im Jahre 1854 den Betrieb dieser Strecke verwaltet und optimierte den Fährbetrieb. Dafür verwendete sie ab 1857 die zwei Fährdampfschiffe „Rhein" und „Ruhr", auf deren Deck drei Schienengleise nebeneinander angebracht waren. So konnten täglich 360 Eisen-

Das Homberg-Ruhrorter Trajekt verband mit einer Fähre die Eisenbahnnetze des linken und rechten Rheins.

bahnwaggons in beide Richtungen übergesetzt werden; zudem wurden mit zwei weiteren Fährschiffen Personen befördert. Die BME baute danach für den Zugang zum Rhein bis zum 2. November 1867 eine Strecke über Duisburg-Meiderich zum Ruhrorter Hafen fertig und entlastete die Station Mülheim mit einem eigenen Güterbahnhof im Stadtteil Styrum. Damit besaß die BME bereits ein in sich geschlossenes System von Bahnen mit den Endpunkten in Duisburg, Düsseldorf, Siegen und Soest und hatte mit dem Trajekt zugleich den Sprung auf das linksrheinische Gebiet geschafft.

Intermezzo 1: Vom Zweigen, Fusionieren und Verbinden

Durch den Erwerb der Linie von Aachen nach Mönchengladbach war die BME jetzt nur noch den sprichwörtlichen Katzensprung von der holländischen Grenze entfernt und sah nun endlich die Chance gekommen, mit der Konkurrenz gleichzuziehen. Bisher hatten nämlich nur die Rheinische Eisenbahngesellschaft mit den Strecken von Köln nach Antwerpen und Nimwegen sowie die KME mit der „Hollandstrecke" von Oberhausen nach Arnheim solch grenzüberschreitende Schienenwege gebaut. „Wir brauchen ebenfalls direkte Anschlüsse, um neue Verkehrsquellen zu schaffen", forderte deshalb der Verwaltungsratsvorsitzende Daniel von der Heydt im Juni 1865. Möglich wurden die direkten Anschlüsse dann kurz darauf durch den Kauf der geplanten Strecke von Viersen nach

Eine Station des BME-Grenzverkehrs zwischen Holland und Preußen war der Bahnhof Kaldenkirchen, an dem 1952 ein Personenzug mit Lok 41 018 hält.

Venlo. Für den Bahnhof Venlo hatte die holländische Staatsregierung neue Linien nach Rotterdam, Maastricht und Vlissingen beschlossen.

Für den Bau dieser Strecke hatte sich im April 1863 eigens die „Preußisch-Niederländische Verbindungsbahn" gegründet und dafür auch die entsprechende Konzession erhalten. Ein erstes Teilstück von Viersen nach Kaldenkirchen mit neuen Bahnhöfen u. a. in Dülken, Boisheim und Kaldenkirchen konnte am 29. Januar 1866 zunächst für den Personenverkehr eröffnet werden. Zwei Monate später ging die Strecke dann wie vereinbart an die BME über, ehe das Reststück bis Venlo am 29. Oktober fertiggestellt werden konnte. „Durch den Erwerb dieser Strecke wird unsere Gesellschaft zweifelsohne bedeutenden internationalen von England und Holland nach unserem Bahn-Gebiet und darüber hinaus sich bewegenden Verkehr gewinnen", freute sich von der Heydt, zumal die Verbindung der BME deutlich kürzer als die Strecken der Konkurrenz war.

6. Overweg und die städtischen Opfer

31. März 1864: Die Eröffnung der Bahnstrecke Letmathe–Iserlohn

Wichtige Stationen: Letmathe, Iserlohn, Menden, Fröndenberg

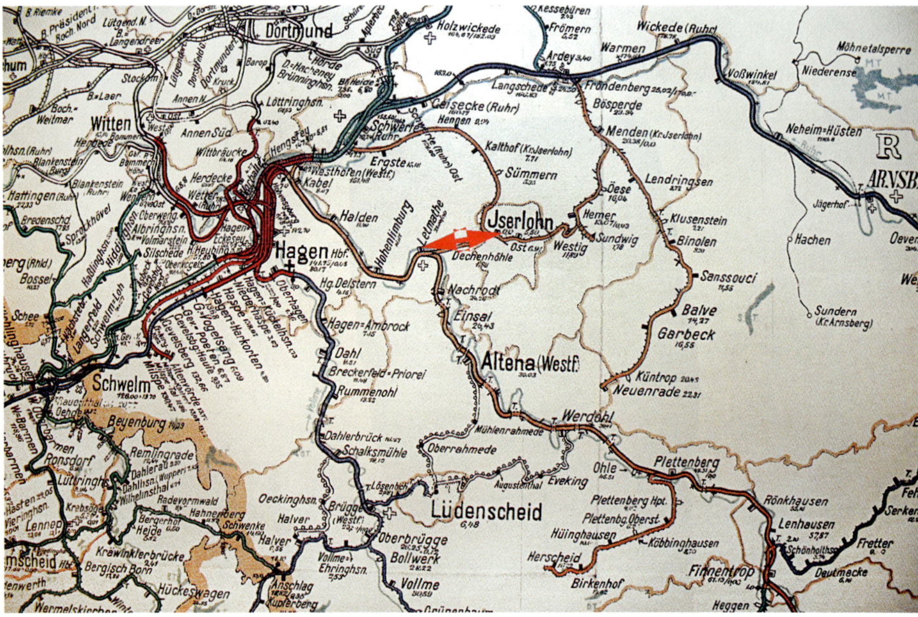

Von der Ruhr-Sieg-Strecke zweigt in Letmathe seit 1864 die Eisenbahn nach Iserlohn ab.

Zuschuss für eine Trasse

Zudem kümmerte sich die BME jetzt zunehmend um den Bau von Haupt- und Nebenbahnen, die von den Stammlinien abzweigten oder wie die Prinz-Wilhelm-Bahn zwei Linien miteinander verknüpften. Dabei wurden jetzt auch Städte berücksichtigt, die bisher von der Gesellschaft wegen baulicher Schwierigkeiten oder mangelnder Finanzen ignoriert worden waren. Dazu gehörte beispielsweise die wirtschaftlich aufblühende Stadt Iserlohn, die sich schon früh um einen Bahnanschluss bemüht hatte, damit aber bislang gescheitert war. Auch die Ruhr-Sieg-Strecke führte zunächst an Iserlohn vorbei. Die Sache kam erst ins Rollen, als sich der einflussreiche Industrielle Carl Overweg aus

Ein Personenzug fährt im September 1931 zwischen der Felsformation „Pater und Nonne" in Richtung Bahnhof Letmathe.

Letmathe beharrlich für die Eisenbahn einsetzte. Die Stadt Iserlohn war zudem bereit, sich an den Kosten zu beteiligen und steuerte 150.000 Taler für den rund 540.000 Taler teuren Trassenbau hinzu.

Ein Halt für die Höhle

Iserlohn einigte sich 1861 mit der Königlichen Staatsregierung darauf, dass die BME den „Bau und Betrieb einer Zweigbahn vom Bahnhofe Lethmathe der Ruhr-Sieg-Bahn" bis nach Iserlohn übernimmt. Der Bau wurde bei der außerordentlichen Generalversammlung am 28. Juni 1861 beschlossen und im August desselben Jahres vom Staat konzessioniert. Die Nebenstrecke überwand bei einer Länge von gerade einmal rund fünf Kilometern immerhin einen Höhenunterschied von 127 Metern. Für den Betrieb erwarb die BME 1863 von der Firma Borsig drei Tenderloks, die eine Steigung von 1:40 bewältigen konnten. Die am 31. März 1864 in Betrieb genommene Linie wurde in den darauffolgen-

Auf einer BME-Trasse unterwegs: Vor den Kalksteinfelsen des Lennetals dampft im September 1931 ein Personenzug in Richtung Iserlohn.

den Jahren kontinuierlich erweitert. Dabei entdeckten zwei Bahnarbeiter bei Felssicherungsarbeiten im Juni 1868 eine tiefe Öffnung mit Tropfsteingebilden sowie Knochen von Höhlenbären, Hyänen und Mammuts. Um diesen Naturschatz vor „gewinnsüchtiger Beraubung" zu bewahren und ihn der wissenschaftlichen Forschung zuzuführen, kaufte die Gesellschaft die betreffenden Grundstücke auf. Daraus entstand die heute noch existierende Dechenhöhle, die von der BME zur Schauhöhle ausgebaut wurde und eine eigene Haltestelle namens „Letmathe-Dechenhöhle" erhielt. Regel- und Sonderzüge fuhren die Touristen fast direkt bis zum Höhleneingang und holten sie nach der Höhlenwanderung wieder ab – ein einträgliches Nebengeschäft also. Die Verlängerung von Iserlohn nach Fröndenberg wurde dann von der BME am 7. August 1872 fertiggestellt.

7. Kleine Zweige mit großer Bedeutung

18. Januar 1866: Die Eröffnung der Strecke Unna–Hamm

Wichtige Stationen: Unna, Hamm

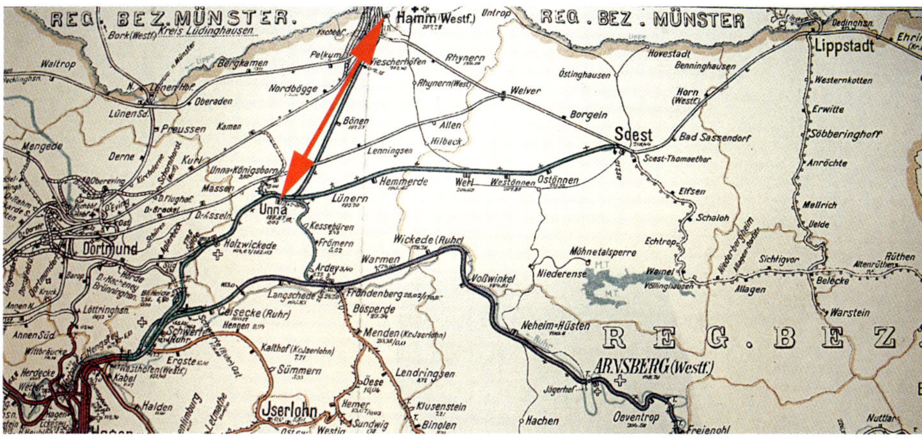

Auf kürzestem Wege zur KME ging es ab 1866 von Unna nach Hamm.

1. April 1867: Die Eröffnung der Strecke Hengstey–Holzwickede

Wichtige Stationen: Hagen-Hengstey, Holzwickede

Von entscheidender Bedeutung war die Zweigbahn Hengstey–Holzwickede.

Auf der BME-Strecke Hengstey–Holzwickede ist im März 1930 die Lok 39 117 vor der Kulisse des Hengsteyer Rangierbahnhofs und der RWE-Speicherwerke unterwegs.

Lückenschluss und neue Lokomotiven

Lücken sind da, um sie zu schließen und genau das setzte die BME ab dem Frühjahr 1864 mit dem Bau der Strecken von Unna nach Hamm sowie von Hagen-Hengstey nach Holzwickede um. Bevor die Strecke Unna–Hamm am 18. Januar 1866 eröffnet wurde, fuhren die Züge der BME von Unna aus über die BME-Strecke Dortmund–Soest zum Bahnhof der Westfälischen Eisenbahn nach Soest, während in Hamm bis dato zudem die KME residierte.

Holzwickede war ein Knotenpunkt der BME, an dem im Juni 1984 ein Triebwagen der Baureihe 430 – besser bekannt als „Eierkopf“ – den Nahverkehr bedient.

Nun verknüpfte die BME mit dem Abschnitt Unna–Hamm einen Teil der Strecke Dortmund–Soest mit der KME-Stammlinie und der Strecke Hamm–Warbung der KWE. Um den jetzt steigenden Verkehr auf dieser Strecke zu bewältigen, musste die BME rund 80 neue Lokomotiven kaufen. Ein Jahr später folgte die Verbindungsspange von Hagen-Hengstey an der Ruhr-Sieg-Bahn nach Holzwickede, die am 1. April 1867 eröffnete. Diese ist zwar nur 17 Kilometer lang, erwies sich aber als von epochaler Bedeutung. Denn zum einen waren damit größere Transportlängen möglich und zum anderen bildete sie die Basis einer neuen Schnellzuglinie über Soest und Lippstadt zum Knotenbahnhof Altenbeken.

Eine preußische Premiumbahn

Von Altenbeken aus ging es ab 1868 über die Linie nach Kreiensen weiter auf die Strecke von Börßum bis nach Jerxheim. Beide Linien wurden von der Braunschweigischen Staatsbahn gebaut, die zwei Jahre später von der BME aufgekauft wurde. Von Jerxheim wiederum dampften die Züge bereits seit 1846 über Magdeburg bis nach Berlin. Damit war die Basis für eine neue Verkehrsroute von Berlin durch die westlichen Provinzen zum Rhein gelegt, von der auch die BME profitierte. Zusammen mit der Braunschweigischen Staatseisenbahn setzte die BME als „Preußisch-Braunschweigischer Eisenbahnverband" ein eigenes Zugpaar ein, das von Berlin bis zum Mülheimer Bahnhof der BME führte. Mit dieser „Premiumbahn" war die BME jetzt auf dem besten Wege, die ewigen Konkurrenten Köln-Mindener und Rheinische auszustechen. Mit der Ruhrtalbahn sollte aber der Weg von Köln nach Berlin später noch kürzer werden.

Schon längst stillgelegt ist der ehemalige Güterbahnhof Hengstey, auf dem vor dem Hintergrund des Pumpspeicherkraftwerkes über dem Hengsteysee im Februar 1965 die Tenderlok 57 1387 rangiert.

8. Der Brückenschlag ins Bergische

25. September 1867: Die Eröffnung der Strecke Haan–Köln-Deutz

Wichtige Stationen: Gruiten, Opladen, Köln-Mülheim, Köln-Deutz

Mit der Strecke von Gruiten nach Deutz kam die BME endlich in Köln an.

25. September 1867: Die Eröffnung der Strecke Ohligs–Solingen

Wichtige Stationen: Solingen Hbf, Solingen Mitte, Remscheid Hbf

Eine Stichbahn mit weitreichenden Folgen war die Strecke Ohligs–Solingen.

1. September 1868: Die Eröffnung der Strecke Rittershausen–Remscheid

Wichtige Stationen: Rittershausen, Rauental, Lennep, Remscheid Hbf

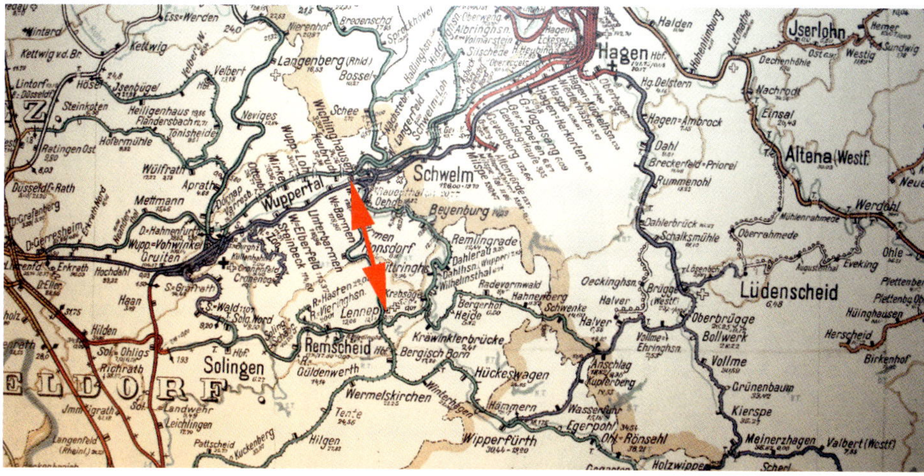

Von Rittershausen nach Remscheid ging es ab 1868 dank der BME.

12. Mai 1876: Die Eröffnung der Strecke Lennep–Wipperfürth

Wichtige Stationen: Lennep, Bergisch Born, Hückeswagen, Wipperfürth

Eine Trasse für die Tuchindustrie war die Strecke Lennep–Wipperfürth.

Ein vierteiliger VT 33 aus Wuppertal im Jahre 1936 am Abzweig Berliner Straße bei Köln-Mülheim.

Runter ins Rheintal

Der Bau der sogenannten „Gebirgsstrecke“ von Haan (dem heutigen Gruiten) bis nach Deutz bei Köln gehörte zur BME-Strategie, sich immer weiter neue Gebiete zu erschließen. Mit der Linie ins damals noch selbstständige Deutz, die bereits seit Mai 1863 genehmigt und seit September 1864 konzessioniert war, wollte die BME endlich eine direkte Verbindung von Elberfeld nach Köln schaffen. Das immer noch fleißig expandierende Unternehmen hatte ja bekanntlich bereits die Strecke der Düsseldorf-Elberfelder Eisenbahngesellschaft aufgekauft und in Elberfeld einen Durchgangsverkehr über den Bahnhof Steinbeck nach Düsseldorf geschaffen. Somit konnte die BME jetzt von Haan, das zur Strecke Düsseldorf–Elberfeld gehörte, den Abzweig Richtung Köln bauen. Dessen Trasse würde zwar auf dem gebirgigen Abschnitt von Haan nach Opladen einige bauliche Schwierigkeiten bereiten, aber mit vielen Gütertransporten und einem Schnell-

Der BME-Verwaltungsratsvorsitzende Daniel von der Heydt saß im Festzug bei der Eröffnung des Abschnitts von Haan nach Opladen.

zugverkehr zwischen Köln und Berlin satten Profit versprechen. Schon Jahre zuvor war klar gewesen, dass diese Strecke über Solingen und Opladen durch das Rheintal bis nach Deutz führen sollte. Dort plante die BME einen Anschluss an das linksrheinische Köln, war dabei aber auf die Benutzung der Rheinbrücke und damit ausgerechnet auf das Einverständnis der KME-Konkurrenz angewiesen.

Festzug mit dem Vorsitzenden

Schon kurz nach dem Konzessionserhalt folgte im September 1864 der Spatenstich für die aufwändigen Bauarbeiten, bei der u. a. zwischen Leichlingen und Opladen eine massive Sandsteinbogenbrücke über die Wupper gebaut werden musste. Der erste Abschnitt von Haan bis nach Opladen konnte dann am 25. September 1867 für den Personen- und Güterverkehr eröffnet werden. Natürlich geschah das wie damals üblich mit einem Festzug, gezogen von der Lokomotive „Opladen", die von der Maschinenfabrik Esslingen gefertigt worden war und in Anwesenheit des BME-Verwaltungsratsvorsitzenden Daniel von der Heydt. Zu dieser Zeit erhielten die BME-Personenzugloks Flussnamen und die Güterzuglokomotiven den Namen einer Stadt. Und es waren nicht wenige Loks, bilanzierte die BME 1867 doch bei ihren Betriebsmitteln 267 Lokomotiven und 309 Personenwagen mit insgesamt 17.000 Plätzen. Hinzu kamen rund 95 Gepäckwagen mit einer Ladefähigkeit von rund 560 Tonnen, 1.150 gedeckte Güterwagen mit einer Ladefähigkeit von rund 7.500 Tonnen sowie rund 7.000 offene Güter- und Viehwagen mit einer Kapazität von rund 61.000 Tonnen.

Verschwundener Viadukt: Die alte Wupperbrücke zwischen Opladen und Leichlingen wurde im Jahre 1945 von der Wehrmacht gesprengt.

Monument Müngstener Viadukt: Die einstige Kaiser-Wilhelm-Brücke trägt seit 1897 die Strecke von Solingen nach Remscheid.

Siegeszug durch Solingen

Zeitgleich eröffnete das Unternehmen an der Station Ohligs, die ab 1913 zum Hauptbahnhof wurde, eine Stichstrecke nach Solingen. Diese Zweigbahn sahen die Gesellschafter schon früh als sinnvolle Ergänzung der Haan-Kölner Linie an. „Die Art der Industrie – bekanntlich Messer- und Waffenfabrikation – sichert der Bahn erhebliche Transporte an Kohlen und Metallen, überhaupt an solchen Waren, die ins Gewicht fallen", erklärte Daniel von der Heydt bereits im Oktober 1863. Der BME-Boss sollte Recht behalten: Die damals 40.000 Einwohner zählende Stadt Solingen erlebte nach Eröffnung der rund sechs Kilometer langen Strecke, die mit 400.000 Talern Baukosten vergleichsweise günstig war, einen wirtschaftlichen Boom. Zudem wurde die Strecke 1897 von der Preußischen Staatsbahn bis nach Remscheid weitergebaut, wozu auch die berühmte Müngstener Brücke zählt. Das 465 Meter lange und 107 Meter hohe Bauwerk, das damals noch „Kaiser-Wilhlem-Brücke" hieß, kostete satte 2.750.000 Mark.

KME gegen BME

Auch der Güter- und Personentransport auf der Linie Haan–Opladen entwickelte sich zufriedenstellend. Die Strecke war im April 1868 bis zur damals noch selbstständigen Stadt Mülheim am Rhein weitergebaut worden. Allerdings endeten die Züge dort zwischen der Buchheimer und Frankfurter Straße in unmittelbarer Nachbarschaft des Konkurrenten KME, der sich dann zum Ärger der BME prompt weigerte, für deren

Hinter dem BME-Bahnhof (Köln-)Mülheim am Wiener Platz befand sich direkt die KME-Konkurrenz.

Verbindungen entsprechende Anschlusszüge nach Deutz und über die damalige „Rheinbrücke" nach Köln zum linksrheinischen „Centralbahnhof" zu führen. Diese 1859 fertiggestellte Station durfte neben der KME nur von der Rheinischen Eisenbahngesellschaft benutzt werden. Für die Fahrgäste der BME-Linien bedeutete diese Sackgasse, von Mülheim aus nur zu Fuß oder mit der Pferdedroschke in die Domstadt zu kommen.

Gut, dass die BME bereits unter staatlicher Verwaltung stand und daher einen kurzen Draht zum Ministerium hatte. Da sich die Preußische Regierung das zermürbende Spielchen zwischen KME und BME nicht lange ansah, musste die Köln-Mindener auf Druck des Ministeriums dann zwei Anschlusszüge zum Centralbahnhof bereitstellen. Diese Entscheidung war natürlich wieder Wasser auf die Mühlen des Konkurrenten, der sich stets darüber beklagte, dass die BME vom Staat bevorzugt würde. Daniel von der Heydt bemängelte hingegen noch im Oktober 1869 „abnorme Zustände" in Mülheim und drängte darauf, dass die dort endende Strecke nach Deutz verlängert werden sollte. Die Reaktion der Regierung ließ nicht lange auf sich warten – der Erlass dazu kam am 11. Juni 1870, worauf der Weiterbau im April 1871 startete. Der BME-Sackbahnhof Mülheim war Geschichte, als ab 1. Februar 1872 die Züge nach Deutz rollten, wo die BME nördlich vom Bahnhof Deutz-KME eine Personenstation samt Güterbahnhof errichtet hatte. Um für die Fahrgäste den Fußweg zum linksrheinischen Köln abzukürzen, hatte die BME am östlichen Ende der KME-Rheinbrücke eine Treppe gebaut.

Halt an einem ehemaligen Hotel: Der BME-Bahnhof Schiffbrücke in Köln-Deutz.

Aufwändig umgestaltet

Eine Zeitlang wurde die Strecke dann sogar über jene der KME und deren Rheinbrücke an den Kölner Centralbahnhof angebunden, was die BME wegen zu hoher Gebühren aber schon bald darauf wieder aufgab. Vielmehr führte sie im März 1881 die Strecke über einen

Aus dem BME-Bahnhof Schiffbrücke wurde ab 1913 der Bahnhof Köln-Deutz-Tief, in den im April 1976 ein Sonderzug einfährt.

Eisenbahndamm bis zur Deutzer Schiffbrücke, wo am 20. September 1882 am ehemaligen Hotel Bellevue der opulente „Bahnhof Schiffbrücke" mit Rheinpanorama eröffnet wurde. Dann aber baute die Stadt Köln ab 1883 in Absprache mit dem preußischen Staat die Bahnanlagen um, wobei der Centralbahnhof dem heutigen Kölner Hauptbahnhof weichen musste, der am 25. Mai 1884 feierlich eröffnet wurde. In Deutz wurden am 1. Oktober 1886 die Bahnsteige des 1845 gebauten Köln-Mindener Kopfbahnhofs geschlossen und die Personenzüge zum BME-Bahnhof Schiffbrücke umgeleitet. Von dort baute die Staatsbahn die Strecke bis zur Deutz-Gießener Linie weiter, die am 1. Juni 1886 an den, von Deutz nicht weit entfernten, Bahnhof Kalk-Süd angeschlossen worden war.

In Gladbach gärt es

Schon bevor die Strecke Haan–Mülheim konkrete Formen annahm, hofften auch die Industriellen in den bergischen Städten Bergisch Gladbach, Bensberg und Wipperfürth auf einen Eisenbahnanschluss. Hoffnung bot u. a. das Eisenbahnprojekt Köln–Soest, dessen Trasse nach Querung des Bergischen Landes in die BME-Strecke Dortmund–Soest münden sollte. Besonders der Papierfabrikant Carl Richard Zanders aus Bergisch Gladbach und der Mülheimer Landrat Oskar Danzier setzten sich für den ersehnten Eisenbahn-

Der Bahnhof Bergisch Gladbach als Postkartenidylle (unten links).

anschluss ein. Das war auch bitter nötig, denn die Güter mussten auf noch immer häufig unbefestigten Landstraßen zum Mülheimer Hafen transportiert werden. Die Eisenbahn versprach auch hier den Transport deutlich zu vereinfachen, zumal es von Bergisch Gladbach aus weiter über Wipperfürth nach Soest gehen sollte. Eine entsprechende Konzessionsurkunde hatte die Köln-Soester Gesellschaft im November 1863 von König Wilhelm erhalten und dafür eine Kaution von 500.000 Talern hinterlegt. Das Köln-Soester Komitee bekam das Geld für den Streckenbau aber nicht zusammen. So verfiel zwar die Kaution, doch das ständige Vorsprechen beim Minister war dennoch erfolgreich. Das Ministerium beauftragte im Sommer 1867 die BME, die vor Begeisterung nicht gerade überschäumte, mit dem Bau einer Strecke von Mülheim nach Bergisch Gladbach.

Die Geburt des „Grietche"

„Die Königliche Staatsregierung hält diese Zweigbahn für eine vorteilhafte Erweiterung der Haan-Kölner Bahnlinie", protokollierte die Generalversammlung der BME am 27. Juni 1867. Für die Standorte Bergisch Gladbach und Bensberg sprachen die blühende Industrie in den Seitentälern des Strunder Baches und der Sülz, dessen Produkte größtenteils zum Verhütten ins Ruhrgebiet transportiert werden mussten.

Die BME begann im Frühjahr 1868 vom betriebseigenen Güterbahnhof Mülheim aus mit den Bauarbeiten der rund zehn Kilometer langen Strecke, die wegen der günstigen Geländeverhältnisse problemlos verliefen. Ganz Bergisch Gladbach war auf den Beinen, um am 1. Dezember 1868 die Eröffnungsfahrt nach Mülheim zu bejubeln und auch hier hielt die Bahn, was sich die Menschen von der teilweise zweigleisigen Strecke

Auch am Bahnhof Bergisch Gladbach wurden ab den 1950er-Jahren die „Roten Brummer" eingesetzt.

Ausgangspunkt für die spätere „Sülztalbahn“ nach Lindlar war der seit 1870 bestehende Bahnhof Bensberg.

versprachen, wuchs doch um den neuen Bahnhof Bergisch Gladbach herum ein dichtes Netz aus Industrieanlagen. Die Einwohner selbst gelangten mit den Personenzügen ab dem 15. Dezember deutlich schneller nach Köln und nannten die Bahn fortan liebevoll „Gläbbicher Grietche“.

Zwei Jahre später baute die BME die Strecke bis nach Bensberg weiter aus, doch weil diese Stadt deutlich höher als Bergisch Gladbach liegt, musste die Trasse vergleichsweise weit entfernt vom Ortskern errichtet werden. Der Abschnitt war dann am 15. Oktober 1870 fertiggestellt. Vom Bahnhof Bensberg baute die Preußische Staatsbahn die Trasse ab 1890 bis nach Lindlar aus. Der geplante Weiterbau von Bergisch Gladbach nach Wipperfürth konnte allerdings trotz zahlreicher Bemühungen nie realisiert werden und läutete damit indirekt das massive Bahnsterben im Bergischen Land ein.

Schienen für eine „Seestadt“

Auch die 18 Kilometer lange Zweigbahn von Barmen-Rittershausen, das heute Oberbarmen heißt, nach Remscheid diente dazu, noch abseits liegende Städte an die Hauptbahnen anzubinden. So auch Remscheid, das eine profitable Metall- und Werkzeugindustrie besaß und schon im 19. Jahrhundert über vielfältige Handelsbeziehungen nach Übersee verfügte. Die Schmieden der solchermaßen selbsternannten „Seestadt auf dem Berge“ produzierten über 4.000 verschiedene Artikel.

Die Handelskammer in Lennep drängte deshalb das Handelsministerium auf einen Eisenbahnanschluss, der dann auch kommen sollte. Die BME-Generalversammlung beschloss am 31. Oktober 1863 einstimmig den „Bau und Betrieb einer Bahn von

Das damalige Rittershausen war zu BME-Zeiten noch ein Ortsteil der Stadt Barmen. Erst nach der BME-Ära erhielt der Bahnhof ein repräsentatives Empfangsgebäude, das im Zweiten Weltkrieg erheblich zerstört wurde.

Barmen-Rittershausen nach Lennep und Remscheid unter der Voraussetzung, dass die Königliche Staatsregierung und die genannten Gemeinden einen unverzinslichen Beitrag zu den Baukosten von 500.000 Talern leisten“. Nach Erteilung der Konzession zwei Jahre

Als der Bahnhof Lennep noch bedeutend war: Im Jahre 1955 stehen auf dem Bahnhofsteil, dessen Gleise in Richtung Opladen, Wipperfürth und Radevormwald führen, ein VT 95, ein Personenzug sowie ein VT 36.

später startete der Bau im November 1865, doch konnte die Strecke wegen erheblicher Terrainschwierigkeiten erst am 1. September 1868 eröffnet werden. Die neue Zweigbahn, 1897 von der Staatsbahn noch mit der Strecke Ohligs–Solingen verbunden, weckte jetzt die Begehrlichkeiten der oberbergischen Städte Hückeswagen und Wipperfürth.

Hurtig nach Hückeswagen

Diese benachbarten Städte besaßen Tuchfabriken und Wollspinnereien, die ihre Waren jedoch mit Pferdefuhrwerken zu den Abnehmern nach Remscheid, Barmen und Elberfeld bringen mussten. Die BME versprach sich allerdings wegen der zu erwartenden Baukosten von 1,5 Millionen Talern nicht allzu viel Profit von einer Eisenbahnverbindung.

Dennoch beschloss die Generalversammlung am 16. Oktober 1869 „eine Verlängerung der Rittershausener-Lenneper Zweigbahn über Born nach Hückeswagen und Wipperfürth". Das war ein Entgegenkommen an die Industrie des Bergischen Landes, die laut Protokoll „seit Entstehung der Eisenbahn nur in deren Nähe eine rasche und glänzende Entwicklung gefunden hat."

Preußen erteilte am 17. Oktober 1870 die entsprechende Konzession und die Strecke von Lennep über Bergisch Born nach Hückeswagen konnte gemeinsam mit der Verbindung von Bergisch Born nach Wermelskirchen am 12. Mai 1876 für den Güterverkehr und drei Tage später für den Personenverkehr eröffnet werden. Die Verlängerung von Hückeswagen nach Wipperfürth ging am 22. Dezember 1876 zunächst für den Güterverkehr in Betrieb und von Wipperfürth aus stellte die Staatsbahn dann 1902 den Abschnitt nach Marienheide fertig, womit ein Anschluss zur Volmetalbahn geknüpft war, die bis ins westfälische Hagen führt. Als 1885 jedoch der Bau einer Strecke von Lennep nach Krebsöge begann, war die BME bereits verstaatlicht und stand kurz vor der Auflösung.

Der Bahnhof Hückeswagen im Jahre 1913.

9. Immer an der Ruhr lang

28. Dezember 1869: Die Eröffnung der Ruhrtalbahn

Wichtige Stationen: Düsseldorf, Kettwig, Hagen Hbf, Überruhr, Bochum-Dahlhausen, Hattingen, Schwerte, Fröndenberg, Arnsberg, Meschede, Bestwig, Warburg

Eine Verbindung von Düsseldorf nach Herdecke mit Zweigbahn nach Mülheim bildete die „Untere Ruhrtalbahn".

Eine Bahn für jeden Bedarf

Der Baueifer der BME kochte weiterhin auf großer Flamme, denn auch nach Mitte des 19. Jahrhunderts gab es schließlich immer noch beträchtliche Lücken im Schienennetz von Preußen, aus dem nach den Kriegen mit Österreich und Frankreich 1871 ein „Deutsches Kaiserreich" wurde. Der Transportbedarf der Industrie wuchs in den Friedenszeiten enorm, zumal ja auch die Eisenbahn selbst massenhaft Kohle und Stahl verbrauchte.

Mit der Verlängerung der 1863 erworbenen Prinz-Wilhelm-Bahn von Überruhr nach Steele hatte die BME praktisch die Grundlage für ihre Ruhrtalbahn gelegt. Mit diesem Großprojekt sollte das Ruhrtal zwischen Steele und Mülheim an der Ruhr mit den Städten Kettwig und Werden verbunden sowie die schon lange gewünschte Verbindung des Ruhrtals mit dem Rhein sowie verschiedenen links- und rechtsrheinischen Eisenbahnlinien möglich werden. „Die Ruhrtalbahn wird es ermöglichen, den Verkehr von Dortmund,

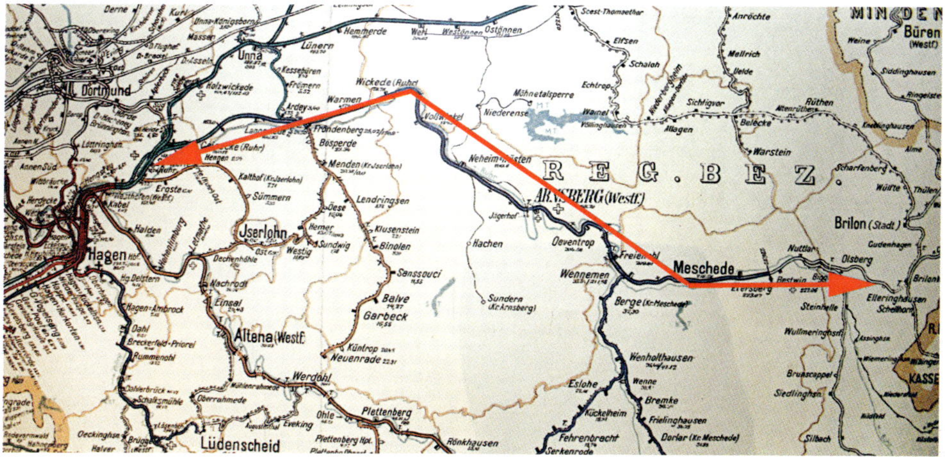

Die „Obere Ruhrtalbahn" führt von Schwerte über Meschede bis nach Warburg.

Bochum und von dem unteren Teil der Prinz-Wilhelm-Bahn auf einem wesentlichen abgekürzten Wege nach Düsseldorf zu bringen, wogegen der Prinz-Wilhelm-Bahn der Verkehr nach Köln, sowie nach Elberfeld und Barmen verbleibt", protokollierte die BME-Generalversammlung am 30. Juni 1865. Dabei waren die BME-Beteiligten bei der Gewinnerwartung durch den Güterverkehr auf der Oberen Ruhrtalbahn eher skeptisch. Die Strecke zwischen Schwerte und Bestwig lasse keine erhebliche Bereicherung des Verkehrs erwarten, weil das „Obere Ruhrtal augenblicklich eine hervorragende industrielle

Eine Station der Ruhrtalbahn war der BME-Bahnhof am heutigen Graf-Adolf-Platz in Düsseldorf. Später musste er einem Neubau weichen und wurde zum Düsseldorfer Hauptbahnhof.

Objekt der Begierde: Der Bahnhof Kassel, der Anfang des 20. Jahrhunderts durch Um- und Ausbauten erweitert und dann im Zweiten Weltkrieg schwer beschädigt wurde.

Bedeutung nicht besitzt", protokollierten die Delegierten ebenfalls am 30. Juni 1865. Die Aktionäre setzten vielmehr auf einen lebhaften Personenverkehr durch die anliegenden Städte Menden, Arnsberg und Meschede.

Zudem wollte die BME mit dieser Linie ein Konkurrenzprojekt verhindern, das ein Komitee von oberbergischen Industriellen plante. Deren Linie sollte von Köln über Olpe nach Kassel und von Düsseldorf durch das Ruhrtal nach Meschede führen. Diese Verbindung hätte sowohl mit den BME-Linien Dortmund–Soest und Witten–Duisburg konkurriert als auch die Wirtschaftlichkeit der zu diesem Zeitpunkt noch in Bau befindlichen Linie von Haan nach Köln gefährdet. Schon deshalb war der Bau der Ruhrtalbahn ein Muss. Die Gesellschaft einigte sich dann mit dem Köln-Kasseler Komitee, als Ersatz für das Köln-Kassel-Projekt eine Bahn von Düsseldorf nach Bestwig zu bauen.

Kurfürstenbahn fährt von Kassel

Den Interessen der Komiteemitglieder war mit dem vereinbarten Bau der Ruhrtalbahn Genüge getan, zumal es den Mitgliedern selbst nicht gelungen war, das nötige Geld für die Köln-Kasseler-Linie aufzutreiben. Auch Preußen stimmte zu, allerdings unter zwei Bedingungen: Die geplante Bahn sollte über das sauerländische Bestwig hinaus bis ins hessische Kassel weitergebaut werden – eine Forderung, die dem Expansionsstreben

Eine Station der „Unteren Ruhrtalbahn“ im Jahre 1930: Der Bahnhof Kettwig, an dem Akkutriebwagen 597/598 hält.

der BME durchaus entgegen kam. Die Station Kassel war seit ihrer Fertigstellung 1856 eine der ersten Hauptbahnhöfe Deutschlands überhaupt und entwickelte sich schnell zu einem bedeutenden Eisenbahnknoten. Schon damals dampften von hier aus die Züge der „Hessischen Nordbahn“, die bis 1856 unter dem Namen „Kurfürst-Friedrich-Wilhelms-Nordbahn“ fuhren, nach Bebra, Warburg und Karlshafen, die der „Hannoverschen Südbahn“ nach Münden und jene der „Main-Weser-Bahn“ nach Frankfurt am Main. „Kassel vermittelt den Verkehr von Westen nach dem Osten und von Norden nach dem Süden für einen großen Teil von Deutschland“, bestätigte Daniel von der Heydt anerkennend.

Ein Zwischenstück für die Zechen

Als sich die BME dann auf ihrer außerordentlichen Generalversammlung im Juni 1865 konkret mit der Ruhrtalbahn befasste, standen zunächst zwei Linien zur Debatte. Die erste, „Untere Ruhrtalbahn“ genannt, sollte von Düsseldorf über Ratingen und Kettwig nach Mülheim-Styrum zur Strecke Witten–Duisburg führen. Die zweite, „Obere Ruhrtalbahn“ genannt, sollte in Schwerte von der Strecke Dortmund–Soest abzweigen und dann über Arnsberg und Bestwig weiter nach Kassel und Thüringen gebaut werden. Als das Projekt „Ruhrtalbahn“ dann von der BME ein Jahr später am 30. Juni 1866 beschlossen wurde, kam noch eine „Mittlere Ruhrtalbahn“ von Dahlhausen nach Herdecke hinzu. Von Hattingen sollte die Strecke über Dahlhausen in Kettwig an die Untere Ruhrtalbahn angeschlossen werden. Das „Mittelstück“ diente hauptsächlich dazu, die ansässigen Zechen zwischen Dahlhausen und Herdecke zu bedienen.

Auf der Ruhrtalbahn überquert am 21. Juli 1932 ein Personenzug die Ruhrbrücke in Kettwig.

Keine Kosten für Kassel

Die Konzession für die Ruhrtalbahn erteilte der Staat dann im Oktober 1866. Der Bau der drei Ruhrtalbahnen selbst ging dann in zahlreichen Etappen vonstatten. Zunächst stellte die BME am 28. Dezember 1869 einen Abschnitt der „Mittleren Ruhrtalbahn" von Dahlhausen bis Hattingen und zur Henrichshütte fertig.

Zuvor hatte die Gesellschaft im Oktober 1868 die Hessische Nordbahn aufgekauft und damit einen schon fertigen Anschluss von Warburg nach Kassel in der Tasche. Das kos-

Für „36 Mann oder 6 Pferde": Der ungebremste gedeckte Güterwagen No. 1124 der BME aus dem Jahre 1865.

tete zwar zunächst Geld, doch konnten dafür enorme Kosten für den Bau einer separaten eigenen Linie auf diesem schwierigen Gelände vermieden werden. Mit der Strecke Kassel–Bebra–Gerstungen, die ebenfalls im Kaufpaket der Hessischen Nordbahn enthalten war, konnte sich die BME nach der Fertigstellung der Oberen Ruhrtalbahn dann bis nach Thüringen ausdehnen. Bald darauf begannen dann auch im oberen Ruhrtal die ersten Bauarbeiten. Der rund 43 Kilometer lange Abschnitt von Schwerte nach Arnsberg war am 1. Juni 1870 fertiggestellt.

Intermezzo 2: Mit Wilhelm gen Westen

24. Juli 1870: Die Eröffnung der „König-Wilhelms-Rhein-Eisenbahnbrücke"

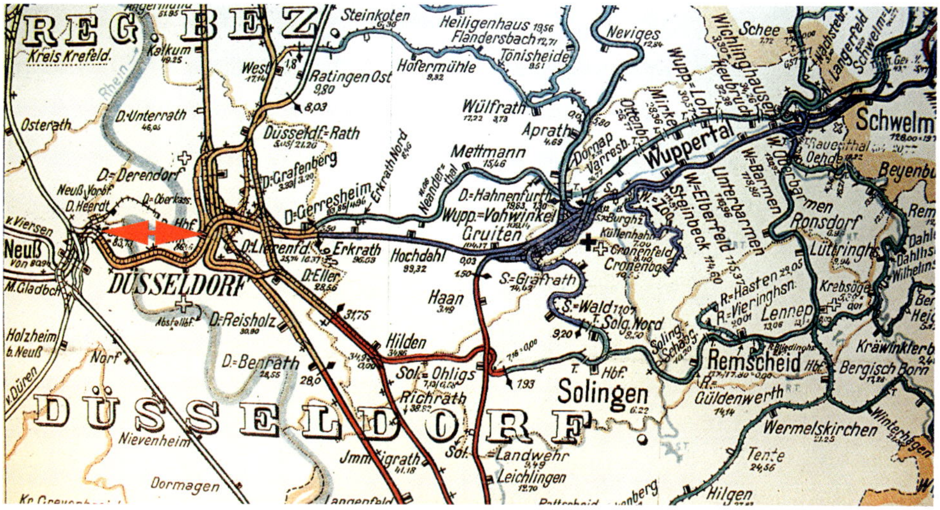

Rechtzeitig für die königlichen Kriegspläne fertiggestellt: Die König-Wilhelms-Rhein-Eisenbahnbrücke.

Zermürbend und zeitaufwändig

Zudem konnte die BME nach einigen Anlaufschwierigkeiten mit der „König-Wilhelms-Rhein-Eisenbahnbrücke" zwischen Neuss und Düsseldorf im Sommer 1870 endlich ein weiteres Prestigeprojekt präsentieren. Dieses folgte einem Wunsch der Neusser Industrie- und Handelskammer, die schon länger auf eine feste Verbindung über den Rhein zwischen Neuss und Düsseldorf gedrangt hatte. Zunächst war der Ansprechpartner die Aachen-Düsseldorfer Eisenbahngesellschaft gewesen, die dann 1863 auf die BME übertragen und drei Jahre später endgültig käuflich erworben wurde. Die BME sah den Bau einer festen Rheinbrücke ebenfalls als dringlich an, wollte sie doch ihre Linien rechts des

Imposant: Die „König-Wilhelms-Rhein-Eisenbahnbrücke" im Jahre 1913.

Rheins mit den linksrheinischen Strecken der 1866 übernommenen Aachen-Düsseldorf-Ruhrorter-Eisenbahn von Mönchengladbach nach Aachen verbinden. Der Weg über das Wasser per Schiff von Düsseldorf-Oberkassel in die Düsseldorfer Altstadt war nämlich zermürbend und zeitaufwändig. Die BME beschloss den Bau einer solchen Brücke dann bereits im Jahre 1862, doch wurden zunächst mehrere Standorte, u. a. auch in Duisburg debattiert. Schließlich setzte die BME mit der Industrie- und Handelskammer eine Brücke durch, die vom Düsseldorfer Stadtteil Hamm nach Neuss führen sollte. Die Stadt Düsseldorf selbst hatte sich eine Brücke unterhalb der Altstadt gewünscht, doch auch Preußen hatte wieder ein Wörtchen mitzureden.

Schwülstig geschwärmt

Erst im Jahre 1867 genehmigte der preußische König die Pläne mit der Auflage, beim Brückenbau Wachtürme für die militärische Verteidigung mit zu berücksichtigen. Die Bauarbeiten für die drei Millionen Taler teure Brücke begannen im Mai 1868, wurden jedoch am 20. November 1869 durch einen schweren Unfall unterbrochen. Ein mit Eisenerz beladenes Schiff prallte gegen ein Brückengerüst, so dass einer der vier Bögen einstürzte. 15 Arbeiter starben und erst im Frühjahr 1870 waren die Trümmer restlos beseitigt. Für die Hinterbliebenen führte die BME mehrere Sammlungen durch. Als die zweigleisige Brücke dann am 24. Juli 1870 eröffnet wurde, existierte neben den vier Wachtürmen noch ein Sperrfort. Dass dieses imposante Bauwerk „König-Wilhelms-Rhein-Eisenbahnbrücke" heißen sollte, war bereits im Februar 1869 beschlossene Sache. „So wird unsere Brücke für Gegenwart und Nachwelt als ein Denkmal der Königlichen Fürsorge um die Wohlfahrt dieser Lande die Fluten des alten Rheines überragen", schwärmte Daniel von der Heydt in schwülstigen Worten. Die Eröffnung fiel dann zusammen mit dem Ausbruch des Deutsch-Französischen Krieges. Die Brücke kam da sehr gelegen, denn der erste Truppentransport

Landschaftlicher Leckerbissen: Die „Obere Ruhrtalbahn", auf der 042 245 im Oktober 1975 bei Oeventrop nach Warburg unterwegs ist.

per Bahn war sogar schon zwei Tage vor der offiziellen Eröffnung in Richtung Westen unterwegs. Darauf war die BME besonders stolz, wie von der Heydt im Juni 1871 betonte: „Bis zum Beginn der Truppenmärsche nach der erfolgten Kriegserklärung wurden alle Mittel und Kräfte zur Fertigstellung aufgeboten. Der Gesellschaft war es so vergönnt, Wesentliches zu leisten für den Aufmarsch des Heeres nach dem Kriegsschauplatz."

Die Produkte eines Prinzregenten

Weiter ging es dann für die Obere Ruhrtalbahn am 18. Dezember 1871 von Arnsberg die 20 Kilometer bis nach Meschede. Zugleich baute die BME im Rahmen der Ruhrtalbahn von Dahlhausen aus eine reine Güterzugstrecke zur bisherigen Stichbahn Langendreer–Laer, die 1862 während des Baus der Witten-Duisburger Bahn entstanden war. Neben jenen der Zechen „Dannenbaum" und „Glücksburg" konnten somit auch die Produkte der Zechen „Prinzregent" und „Friedlicher Nachbar" abtransportiert werden. Die Strecke, die eine Pferdeschleppbahn ersetzte, wurde am 10. Oktober 1870 eröffnet. Mit dem Anschlussgleis zur Zeche „Friedlicher Nachbar" eröffnete die Preußische Staatsbahn dann 1894 den einzigen Bochumer Eisenbahntunnel mit 350 Metern Länge. Der Bau der Unteren Ruhrtalbahn konnte am 1. Februar 1872 mit dem Abschnitt von Düsseldorf über Kettwig zur Anschlussstelle der Prinz-Wilhelm-Bahn in Kupferdreh fortgeführt werden.

Auch im Sauerland baute die BME fleißig weiter: Am 1. Juli 1872 hatte die Obere Ruhrtalbahn schließlich Bestwig erreicht und am 6. Januar 1873 konnte dann auch der letzte Abschnitt über Brilon Wald und Scherfede nach Warburg eröffnet werden. Der Schlussakt der Vollendung an der mittleren Ruhr folgte dann mit der Eröffnung der Strecke Überruhr–Dahlhausen für den Güterverkehr am 1. Januar 1874 und der Strecke Henrichshütte–Herdecke am 1. Juni 1874.

Prägendes Transportmittel: Auf der „Unteren Ruhrtalbahn" zwischen Mülheim und Kettwig verkehrte häufig der Akku-Triebwagen 597/598.

Intermezzo 3: Ein Weg für die Walzwerke

7. August 1872: Die Eröffnung der Zweigbahn Fröndenberg–Menden

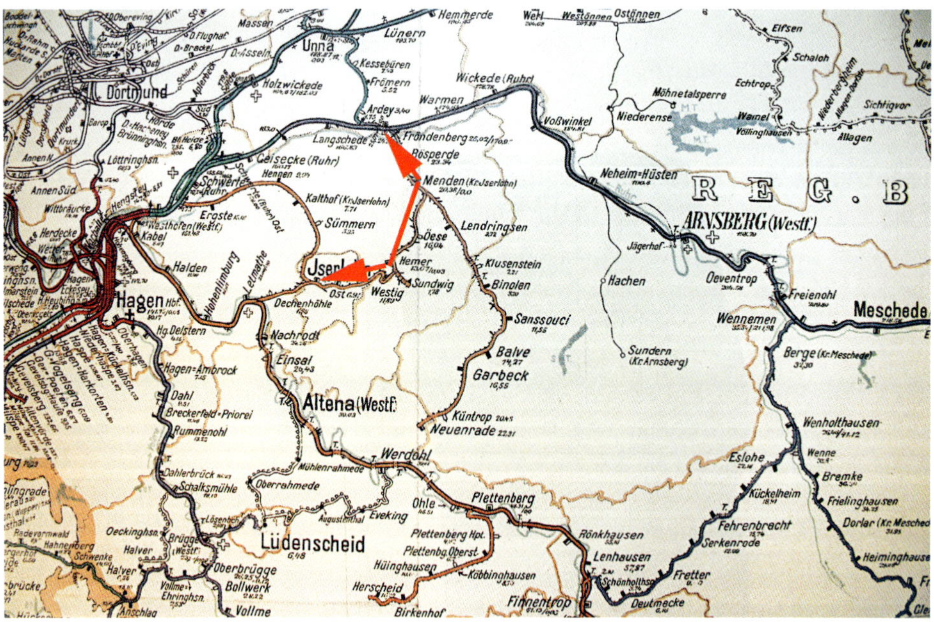

Fröndenberg–Menden war anfangs nur eine fünf Kilometer lange Stichbahn, die aber von der Staatsbahn später bis nach Iserlohn weitergeführt wurde.

Ein BME-Bahnhof der Oberen Ruhrtalbahn war Fröndenberg, wo im Juni 1935 Lok 17 278 hält.

Keine müde Mark für Menden

Nicht nur die BME sehnte den Bau der Oberen Ruhrtalbahn herbei, sondern auch die Stadtverordneten in der märkischen Stadt Menden. Sowohl metallverarbeitendes Gewerbe als auch verschiedene Walzwerke und Bergbaugruben siedelten sich dort an, für die eine Eisenbahnverbindung notwendig wurde. Diverse Projekte verliefen aber im Sande und nur der Anschluss an die Obere Ruhrtalbahn schien den Politikern noch realistisch. Vorgesehen für eine Zweigbahn ins märkische Menden war der seit 1870 existierende Bahnhof Fröndenberg. Das Interesse der BME an dieser eher aufwändigen Zweigbahn war allerdings gering und die Stadt Menden musste in Vorleistung gehen.

Der Zug hält nur in Holzen

Erst als die Stadt der BME sämtliches Bauterrain kostenlos überlassen hatte, starteten im Spätherbst 1870 die Bauarbeiten. Zwei größere Brücken über die Ruhr bei Fröndenberg und über die Hönne bei Menden waren für die Realisierung nötig. Die Bauarbeiten gingen wegen der winterlichen Jahreszeit und dem offensichtlichen Mangel an Arbeitskräften zunächst nur schleppend voran. Dann jedoch steigerte sich das Arbeitstempo und die rund fünf Kilometer lange eingleisige Zweigbahn konnte am 7. August 1872 eröffnet werden. Der Jubel war groß und die Mendener Häuser für die Eröffnungsfahrt festlich beflaggt. Anfangs fuhren gemischte Züge mit Personen- und Güterwagen, die auf der Fahrt zwischen Fröndenberg und Menden nur am Ort Holzen hielten. 13 Jahre später baute die Staatsbahn diese Trasse bis zur BME-Strecke Letmathe–Iserlohn aus, was einen durchgehenden Verkehr von Letmathe über Iserlohn und Menden bis nach Fröndenberg ermöglichte.

Durch das Rheintal nach Ratingen

Die „Ruhrtalbahn" bestand nach ihrer Fertigstellung im Jahre 1874 aus drei Strecken: Die Untere Ruhrtalbahn führte als Stammstrecke vom damaligen BME-Bahnhof Düsseldorf bis nach Kettwig. Vor der viel befahrenen Station Kettwig überquerte die teilweise zweigleisige Strecke die Ruhr und mündete bei Kupferdreh in die Prinz-Wilhelm-Eisenbahn. Weiter ging es nach Überruhr und Dahlhausen, doch begann die Mittlere Ruhrtalbahn offiziell schon in Überruhr und führte über Blankenstein nach Herdecke, wo sie in die BME-Linie Hagen–Dortmund mündete. Weiter ging es von Hagen nach Schwerte in die Obere Ruhrtalbahn, die dort von der Linie Hagen-Hengstey–Holzwickede abzweigt und über Fröndenberg, Arnsberg und Meschede dem Lauf der Ruhr folgt. Dann verband sich die Linie in Warburg mit der Strecke der vormaligen Hessischen Nordbahn, die die Anbindung nach Kassel herstellte, wo Anschluss an die Hannoversche Südbahn sowie die Halle-Kasseler und die Main-Weser-Bahn bestand. Um die engen Kurven und starken Steigungen dieser landschaftlich beeindruckenden Strecke zu bewältigen, hatte die BME eigens gekuppelte Personenzuglokomotiven angeschafft, die sich bestens bewährten.

Unterwegs auf der „Mittleren Ruhrtalbahn" ist 044 404 im Oktober 1976 am Ruhrufer bei Blankenstein.

Die Verzögerung verziehen

Hinzu kam noch in Kettwig die Untere Ruhrtalbahn als Zweigbahn nach Mülheim an der Ruhr, mit der die BME besonders die Erträge der bestehenden Witten-Duisburger Bahn steigern wollte. Mit dieser Verbindung waren zudem von Mülheim aus eine direkte Anbindung an die Stammlinie in Düsseldorf und ein Schienenweg vom westlichen Ruhrgebiet bis ins Bergische Land möglich geworden.

Wegen der aufwändigen Bahndamm- und Brückenarbeiten bei Kettwig, Mülheim und Broich war das fünf Millionen Taler teure Projekt erst am 6. März 1876 fertiggestellt. Die Bevölkerung nutzte die Zweigbahn besonders an den Stationen in Broich und Saarn rege, so dass der Fahrplan schon bald verdichtet werden musste.

Die Eroberung des Ostens

Mit den drei Ruhrtalbahnen hatte die BME eine bedeutende Ost-West-Verbindung geschaffen, die eine enorme wirtschaftliche Entwicklung in den einzelnen Regionen ermöglichte. Jetzt existierte entlang der Ruhr eine durchgehende Eisenbahnlinie von Neuss bis nach Warburg. Nicht zuletzt wegen des schon erwähnten Ankaufs der Hessischen Nordbahn mit ihren Strecken verfügte das BME-Netz jetzt über seine größte Längenausdehnung von Belgien bis nach Mitteldeutschland. Ein weiterer wichtiger

Klassische Bahnatmosphäre auf der Ruhrtalbahn von Düsseldorf nach Essen am Bahnübergang Ruhrtalstraße vor dem Bahnhof Essen-Werden.

Schritt zur „Eroberung“ des Ostens war eine rund 50 Kilometer lange Verbindungsbahn, deren Personen- und Güterzüge seit dem 15. Oktober 1876 von der Ruhrtalbahn-Station Scherfede nach Holzminden abzweigten. In Holzminden gab es bereits den Anschluss an die Bahnstrecke Altenbeken–Kreiensen der finanziell ziemlich klammen Braunschweigischen Staatseisenbahn, die von der BME gemeinsam mit der Berlin-Potsdam-Magdeburger Gesellschaft 1870 aufgekauft wurde.

Das Netz der ehemaligen Braunschweigischen Staatsbahn führte weiter über Salzgitter-Ringelheim und Jerxheim an die Magdeburg-Halberstädter und die Berlin-Potsdamer Eisenbahn. Mit der Zweigbahn von Scherfede nach Holzminden konnten die Schnellzüge statt wie bisher über die Linie Hagen–Soest jetzt über die Ruhrtalbahn nach Osten geführt werden, was mit Zügen von Aachen nach Berlin entlang der Ruhr seit Ende 1876 praktiziert wurde. Die Blütezeit des Steinkohlebergbaus im Ruhrgebiet sorgte zudem für reichlich Güterverkehr, denn der Norden und Osten Deutschlands war ein großer Absatzmarkt für Kohlen und Fabrikate des Bergisch-Märkischen Landes.

Dumm gelaufen: Die Stadt Brilon bemühte sich um einen direkten Anschluss an die Obere Ruhrtalbahn, doch der Bahnhof entstand wegen der günstigeren Streckenführung sieben Kilometer weiter entfernt im heutigen Ortsteil Wald.

10. Konkurrenten kämpfen ums Kohlerevier

1. Februar 1870: Die Eröffnung der Strecke Mönchengladbach–Odenkirchen

Wichtige Stationen: Mönchengladbach, Rheydt-Odenkirchen

Anfangs diente die Strecke Mönchengladbach–Odenkirchen vorwiegend für Baumwolltransporte.

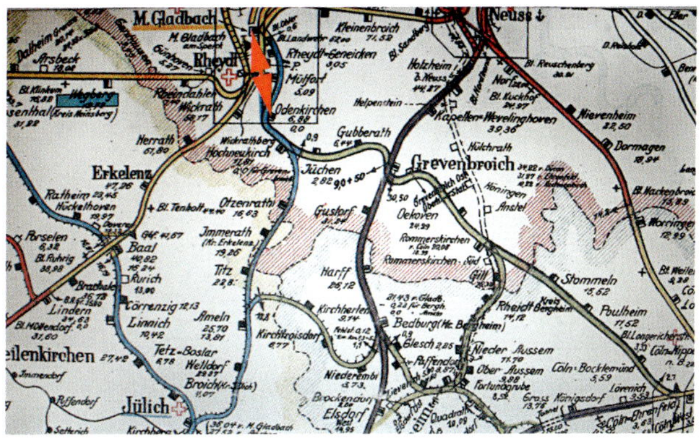

29. Juli 1872: Die Eröffnung der Strecke Aachen–Welkenraedt

Wichtige Stationen: Aachen Templerbend (Aachen-West), Montzen, Welkenraedt

Einen Anschluss an das belgische Eisenbahnnetz ermöglichte die Strecke von Aachen nach Welkenraedt.

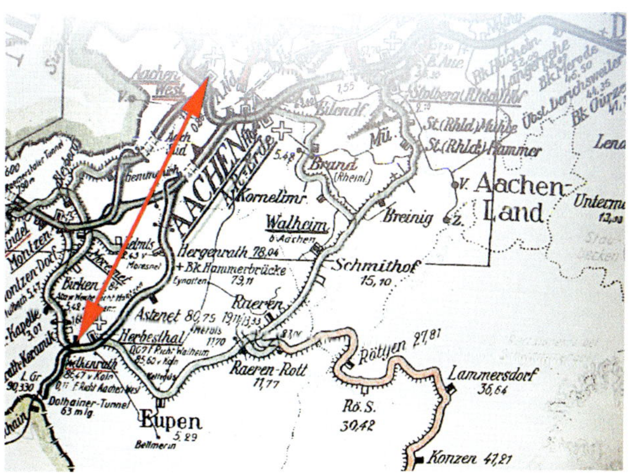

1. Oktober 1873: Die Eröffnung der Strecke Hochneukirch–Eschweiler-Aue

Wichtige Stationen: Hochneukirch, Jülich, Weisweiler, Eschweiler Talbahnhof, Stolberg

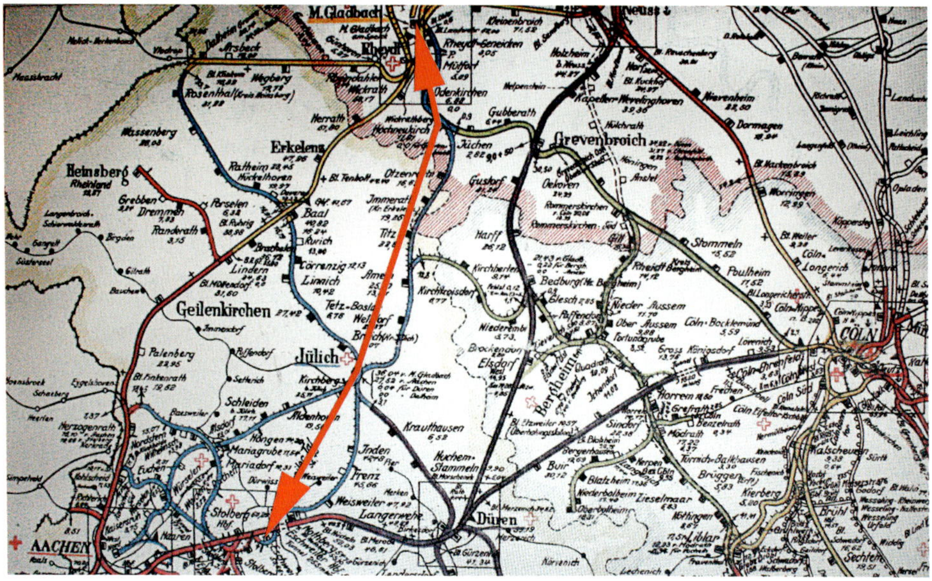

Durch kleine Orte wie Titz und Ameln dampften die BME-Züge von Hochneukirch nach Eschweiler.

15. Februar 1879: Die Eröffnung der Strecke Jülich–Düren

Wichtige Stationen: Jülich, Düren

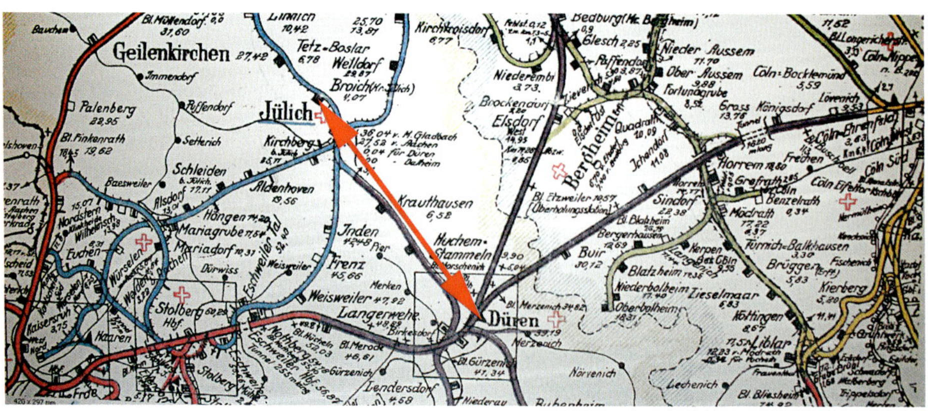

Einen Weg zum Eisenbahnknotenpunkt Stolberg schaffte sich die BME mit der Strecke Jülich–Düren.

15. Februar 1879: Die Eröffnung der Strecke Rheydt–Dalheim

Wichtige Stationen: Rheydt, Wegberg, Dalheim

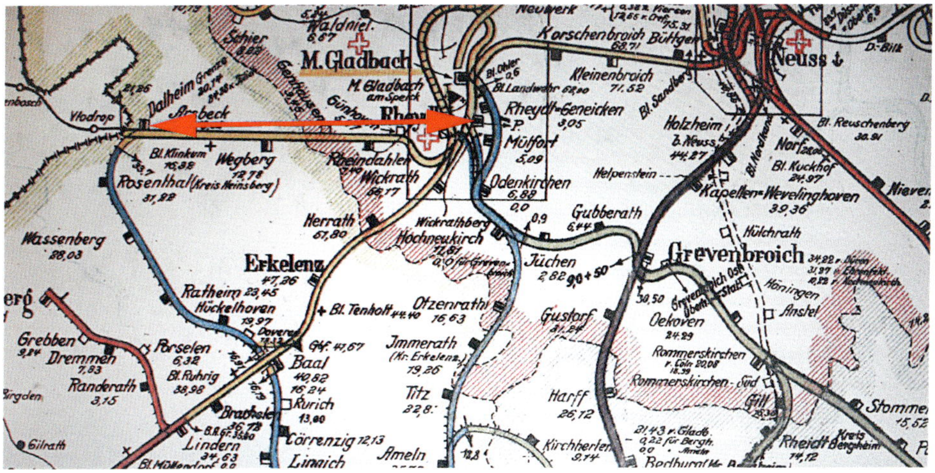

Zum „Eisernen Rhein" führte die Strecke Rheydt–Dalheim.

Bestens vertreten

Rechtsrheinisch war die BME jetzt also im harten Wettbewerb mit der Rheinischen- und Köln-Mindener Konkurrenz bestens aufgestellt. Mit der Übernahme der Aachen-Düsseldorf-Ruhrorter Eisenbahn im Jahre 1866 und dem Bau der Kaiser-Wilhelms-Rhein-

Als die BME die Strecken um Mönchengladbach ausbaute, entstand bei der Firma Hanomag für die Gesellschaft die Lok „Somme", die bis 1893 verkehrte.

Eisenbahnbrücke zwischen Neuss und Düsseldorf konnte die BME jetzt auch im linksrheinischen Gebiet ihre Schienenwege ausbauen. Zunächst nahm das Unternehmen im November 1868 in Mönchengladbach, das damals noch „München-Gladbach“ hieß, ausgehend vom Bahnkörper der übernommenen Aachen-Düsseldorfer Gesellschaft die Zweigbahn nach Odenkirchen in Angriff.

Eine Bahn für die Baumwolle

Mit dieser Strecke sollten besonders die Baumwollerzeugnisse der ansässigen Textilindustrie schnell und günstig transportiert werden. Das wünschten sich auch die örtlichen Gemeinden, die für den Streckenbau kostenloses Bauland hergaben und sich mit zinslosen Zuschüssen an den Kosten beteiligten. Zeitgleich brachte die BME die Spezialbaupläne für eine Zweigbahn zum Abschluss, die von Erkelenz an der Strecke Mönchengladbach–Aachen aus nach Jülich, Düren und Stolberg führen sollte. Mit diesen Verbindungen würde die BME auch am Eisenbahnknotenpunkt Stolberg im Aachener Kohlenrevier ein gehöriges Wörtchen mitreden.

Auch nach dem Eisenbahnknotenpunkt Stolberg streckte die BME ab 1868 die Fühler aus.

Mit der Zweigbahn von Hochneukirch nach Jülich erhielten auch kleine Ortschaften wie Lamersdorf einen Haltepunkt.

Ein unverhoffter Genuss

Den rund sieben Kilometer langen und eingleisigen Abschnitt von Mönchengladbach nach Odenkirchen konnte die BME dann am 1. Februar 1870 für den Verkehr freigeben. Gebaut wurde die Strecke größtenteils entlang des Flusses Niers. Im selben Jahr erhielt die Gesellschaft auch die Konzessionen für zwei weitere Strecken im linksrheinischen Raum. Die ursprünglich geplante Linie von Erkelenz nach Jülich wurde vom Handelsministerium auf einen Streckenverlauf von Odenkirchen über Hochneukirch nach Jülich geändert. Mit dieser Zweigbahn kamen auch kleinere Ortschaften wie Titz, Lamersdorf und Eschweiler-Röhe in den unverhofften Genuss einer Eisenbahnstation. Der relativ dünn besiedelte Landstrich versprach zwar wenig Gewinn, aber die BME konnte dadurch immerhin die Städte Mönchengladbach und Düsseldorf mit dem Kohlerevier Eschweiler verbinden. Die Baupläne der Zweigbahn Jülich–Düren wurden im November 1870 und jene der Zweigbahn Hochneukirch–Jülich im Juli 1871 festgelegt. Der Baustart erfolgte zunächst jedoch nur an wenigen Stellen, weil zahlreiche Grundstücksbesitzer sich weigerten, Bauland herzugeben und zeitraubend enteignet werden mussten.

Zu einem Eisenbahnknotenpunkt entwickelte sich der Bahnhof Jülich nach seiner Eröffnung im Jahre 1873.

Viel Geld für Gemmenich

Eine weitere Konzessionsurkunde aus den Händen des preußischen Ministeriums erhielt die BME am 9. Mai 1870 für den Bau einer Strecke vom Aachener Bahnhof „Templerbend" zum belgischen Grenzbahnhof Welkenraedt. Damit wiederum konnte die Gesellschaft ihr Netz mit dem Belgiens verbinden, hatte doch eine dortige Eisenbahngesellschaft im selben Jahr eine Strecke von Welkenraedt über Bleyberg bis Gemmenich eröffnet. Auch hier verzeichnete die BME Verzögerungen, denn der Anschluss nach Welkenraedt konnte erst am 29. Juli 1872 und auch nur für den Personen- und Eilgutverkehr eröffnet werden. Mit dem Güterverkehr musste die BME noch einen Monat warten, weil zu diesem Zeitpunkt noch über den Umbau des bis 1866 von der Aachener-Maastrichter-Eisenbahngesellschaft und der Aachen-Düsseldorf-Ruhrorter Eisenbahngesellschaft genutzten Bahnhofes Templerbend verhandelt wurde. Der Bahnhof sollte um einen Rangierbahnhof und mit Lokschuppen erweitert werden. Nachdem alles unter Dach unter Fach war, ging der Umbau zügig voran. Über eine Million Taler musste die BME in diese Strecke investieren, wovon allein der 870 Meter lange Gemmenicher Tunnel die Hälfte verschlang.

Jubel in Jülich

Trotz aller Probleme konnten dann am 1. Oktober 1873 die Strecken von Hochneukirch über Jülich nach Eschweiler-Aue und von Jülich über Krauthausen nach Düren eröff-

Im Sommer 1983 herrscht am Bahnhof-Eschweiler-Aue noch ein reger Bahnbetrieb.

net werden. Beide waren eingleisig angelegt, konnten aber optional zweigleisig erweitert werden. Ganz Jülich feierte, als in der Stadt an der Rur erstmals ein Zug abfuhr. Damit hatte die einstige Festungsstadt, die lange Zeit für eine Schienenverbindung gekämpft hatte, endlich den Anschluss an die Eisenbahn geschafft. Der Bahnhof Jülich entwickelte sich schnell zu einem Knotenpunkt, von dem gleich mehrere Strecken abzweigten. Da jene der BME dem Lauf der Inde folgte, verlieh ihr der Volksmund den Spitznamen „Inde-Talbahn". Zwei Jahre später wurde dieser Abschnitt durch die Aachener Industriebahn von Aue nach Stolberg verlängert. Die Inde-Talbahn verschärfte den Konkurrenzkampf mit dem bisherigen „Marktführer" Rheinische Eisenbahn. Die BME baute u. a. einen zweiten Gleisanschluss für die Concordia-Hütte in Eschweiler, die bis dahin nur über einen solchen an der Strecke Köln–Aachen der Rheinischen Eisenbahn verfügt hatte.

Von Mönchengladbach bis zum Meer

Die BME-Strecke verlief zudem zwischen Weisweiler und Eschweiler nahe der Strecke Köln–Aachen der Rheinischen Eisenbahn, was sich Jahre später umgekehrt in Wuppertal wiederholen sollte. Dort baute die „Rheinische" parallel zur Strecke Düsseldorf–Elberfeld im Jahr 1879 ihre gigantische „Nordbahn" fertig, deren aufwändige Bauten sie finanziell überfordern sollten. Die BME-Eigner konnten sich hingegen die Hände reiben: Durch die von der Aachen-Düsseldorf-Ruhrorter-Eisenbahn-Gesellschaft übernommene Bahnstrecke Aachen–Mönchengladbach verfügte die BME mit Düren, Stolberg und Aachen-

Eine Sonderfahrt mit einem Schienenbus findet am 20. Mai 1982 am einstigen BME-Bahnhof Düren statt.

Marschiertor über drei Bahnhöfe in der Nähe der Rheinischen-Eisenbahn-Strecke Köln–Aachen. Der nicht mehr existente Bahnhof Marschiertor lag westlich des heutigen Hauptbahnhofes. Von ihrem linksrheinischen Eisenbahnknotenpunkt Mönchengladbach aus legte die BME zudem den Grundstein für eine weitere epochale Strecke, deren Bau sie bereits seit 1864 verfolgt hatte: Eine Trasse, die von preußischem Gebiet aus nach Antwerpen führen sollte. Die Gesellschafter der BME blieben beharrlich und der Verwaltungsratsvorsitzende Daniel von der Heydt warb auf der Generalversammlung am 11. Mai 1871 ebenfalls für dieses vielversprechende Projekt: „Die Strecke Gladbach–Roermond eröffnet uns den Weg nach Antwerpen und dem Meere."

Ein weiteres Schienen-Schnippchen geschlagen

Der Seehafen Antwerpen nahm zu diesem Zeitpunkt immer mehr an Bedeutung zu. Von der Heydt betonte bei der Generalversammlung, eine Strecke von Preußen nach Antwerpen sei auch für die deutschen Zechengruben wichtig, um gegen die Konkurrenz der englischen und belgischen Kohle bestehen zu können. Zudem schlug die BME mit dieser Verbindung der Konkurrenz ein weiteres Schienen-Schnippchen, denn die projektierte Linie würde um einiges kürzer ausfallen als die Rheinische Strecke Köln–Antwerpen. Die BME-Delegierten sahen das ebenso und stimmten im Mai 1871 dem Bau einer Bahn von Mönchengladbach nach Roermond einstimmig zu, zumal die belgische Staatsregierung bereits eine Konzession zum Bau einer Bahn von Antwerpen in Richtung Roermond erteilt hatte. Die Konzession für die deutsche Seite erteilte Preußen dann am 23. Mai 1874.

Entlang des Eisernen Rheins: Der Güterzug mit Diesellok 215025 und den Sattelaufliegern und Containern war in den 80er Jahren ein „Starzug" der Strecke.

Entlang des Eisernen Rheins

Die 20 Kilometer lange Strecke sollte auf preußischem Gebiet zunächst ab Mönchengladbach der Trasse der Aachen-Düsseldorfer Bahn folgen und dann in Rheydt nach Dalheim abzweigen. Von Dalheim rollten die Züge dann weiter über Roermond nach Antwerpen. Der Bau der Eisenbahnverbindung vom niederländischen Roermond zum belgischen Seehafen Antwerpen resultierte aus einem Trennungsvertrag des Jahres 1839. Dieses Papier erlaubte den Belgiern, Eisenbahnstrecken oder Straßen über niederländisches Gebiet zu bauen, wovon aber jahrzehntelang kein Gebrauch gemacht wurde. Das änderte sich erst am 13. Januar 1873, als Belgien und die Niederlande den sogenannten „Eisernen-Rhein-Vertrag" unterzeichneten, der eine Trassenführung von Herentals über Weert und Roermond bis zur preußischen Grenze bei Vlodrop und weiter bis Rheydt vorsah. Die BME begann im August 1877 mit den Bauarbeiten der Strecke. Weil die Belgier nicht mit dem Bautempo der BME mithalten konnten, wurde die Strecke nicht wie erhofft noch Ende 1878, sondern erst zwei Monate später eröffnet. Ein erster provisorischer Betrieb von Rheydt nach Roermond fand am 15. Februar 1879 statt. Am Bahnhof Dalheim wurde eigens eine Zollstation eingerichtet. Erst ab dem 20. Juli 1879 fuhren auf der Gesamtstrecke dann offiziell Personen- und Güterzüge. Die Anstrengungen hatten sich gelohnt, denn der „Eiserne Rhein" wurde ein großer Erfolg. Viele Güterzüge

50 164 unterwegs bei Rheydt im April 1968 mit einem Kohlezug aus dem Aachener Revier.

verließen fortan den Seehafen Antwerpen, um Baumwolle zu den Textilfabriken nach Mönchengladbach und Krefeld zu transportieren. Der Personenverkehr spielte hingegen nur eine Nebenrolle.

Eine Legende wandert

Die BME machte der Rheinischen Eisenbahn damit nicht nur auf der Schiene Konkurrenz, sondern auch in der Legendenbildung. Denn der Begriff „Eiserner Rhein", der zunächst auf die Strecke Köln–Antwerpen der Rheinischen angewandt wurde, wanderte jetzt zur BME-Strecke nebst deren niederländischer und belgischer Fortsetzung. Über diese Entwicklung ärgerte sich besonders der rheinische Bankier und Politiker Ludolf Camphausen, der den Begriff „Eiserner Rhein" schon 1833 in seiner Denkschrift „Zur Eisenbahn von Köln nach Antwerpen" geprägt hatte. Ironie der Geschichte: Camphausen war zwei Jahre lang Präsident der „Rheinischen Eisenbahngesellschaft" gewesen und hatte sich immer für die Verbindung Köln–Antwerpen eingesetzt. Die eisernen Lorbeeren erntete nun die BME.

11. Mit Volldampf über die Volme

16. Oktober 1871: Die Eröffnung der Volmetalbahn

Wichtige Stationen: Hagen, Brügge, Meinerzhagen, Gummersbach, Dieringhausen

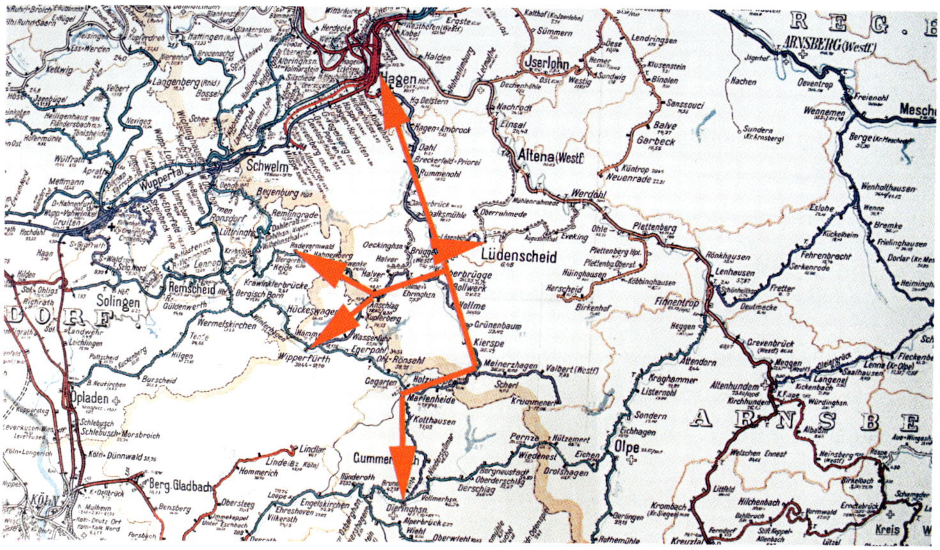

Viel vernetzt war die „Volmetalbahn" in ihrer größten Ausdehnung.

Eine Kaution für Köln–Soest

„Es ist eines der belebtesten Täler des westfälischen Industrie-Gebietes", schwärmte der Verwaltungsratsvorsitzende Daniel von der Heydt bei der BME-Generalversammlung am 20. Februar 1869. Gemeint war das Tal entlang des Flusses Volme mit seinen vielen großen und kleinen Eisenwarenproduzenten. Zudem versprach die Stadt Lüdenscheid mit ihren zahlreichen Fabriken einen lebhaften Personen- und Güterverkehr. Eine Eisenbahn durch das Tal zwischen Siegerland und Bergischem Land war bereits 1853 bei den Linienführungen für die Ruhr-Sieg-Eisenbahn im Gespräch gewesen. Die angedachte Volme Linie wurde aber wegen ungünstiger Steigungs- und Krümmungsverhältnisse fallengelassen und die Ruhr-Sieg-Strecke entlang der Lenne gebaut. Eine zweite Chance für eine Eisenbahn durch das Volmetal ergab sich, als die „Köln-Soester-Eisenbahngesellschaft" im

Markantes Erkennungszeichen: Das Reiterstellwerk in Brügge, durch das 044 508 im März 1977 Kurs auf Lüdenscheid nimmt.

November 1863 vom preußischen König die Konzession zum Bau einer Eisenbahn von Deutz über Hagen nach Soest erhielt, die in die Dortmund-Soester Linie der BME münden sollte. Dafür musste das Komitee dem Staat eine Kaution von 500.000 Talern vorlegen, doch auch dieser Plan scheiterte und die Kaution verfiel. Das Geld war aber nicht verloren, sondern sollte für einzelne Projekte entlang der ursprünglichen Köln-Soester Linienführung verwendet werden.

„Terrainschwierigkeiten mannigfacher Art"

Damit rückte jetzt endlich der Bau der Volmetalbahn näher, denn die BME wollte das Projekt im Jahre 1869 endlich angehen – allerdings nur, wenn der Staat für den Bau die Kaution von 500.000 Talern und die örtlichen Gemeinden kostenlose Grundstücke beisteuern würden. Auf dieser Grundlage beschlossen die Mitglieder auf der Generalversammlung am 26. Februar 1869 einstimmig den Bau einer Bahn von Hagen nach Brügge. Der Staat erteilte die Konzession am 26. Juni 1869 und überwies die gewünschte Kaution postwendend. Auf Wunsch der Stadt Hagen nahm die BME zunächst im Mai 1870 den Abschnitt von Hagen nach Oberhagen baulich in Angriff, der dann am 16. Oktober 1871 zunächst für den Güterverkehr eröffnet wurde. Schwieriger wurde der Weiterbau in das höher gelegene Brügge, wo es laut BME-Protokoll „Terrainschwierigkeiten mannigfacher Art" gab. Die entsprechend riesigen Erdmassen wurden per Pferd auf alten Eisenbahnschienen bewegt. Es zeigte sich schnell, dass die 500.000 Taler Kaution dringend nötig

Mit Volldampf entlang der Volme: Im August 1939 ist 57 3332 mit einem Sandzug bei Kierspe zwischen Brügge und Meinerzhagen unterwegs.

gewesen waren, denn die BME musste für die Strecke vier Tunnel und zahlreiche Brücken über die Volme anlegen. Das eher beschauliche Brügge wurde schließlich am 6. September 1874 erreicht, worauf sich dessen Station schnell zu einem wichtigen Kreuzungsbahnhof entwickelte. Ringsum entstanden zahlreiche Wohnungen und am Bahnhof selbst Lokschuppen, Drehscheibe und Wasserturm.

Im Schweiße ihres Angesichts

Schnell wurde klar, dass die Strecke von Brügge aus auch nach Lüdenscheid abzweigen sollte. Die Konzession dazu erteilte der Staat am 15. April 1878 und Preußen übernahm mit der Stadt Lüdenscheid auch den Löwenanteil der Baukosten. Und wieder kam auf die BME und ihre Subunternehmer eine Mammutaufgabe zu, denn zwischen Brügge und dem nur wenige Kilometer entfernten Lüdenscheid war eine Höhendifferenz von rund 140 Metern zu überwinden. Dafür errichteten die Arbeiter im Schweiße ihres Angesichts für ein ebenes Gelände vor der Einfahrt in den Bahnhof Lüdenscheid einen rund 400 Meter langen Tunnel. Bei ihrer Eröffnung am 15. Juli 1880 war die windungsreiche Stichbahn von Brügge nach Lüdenscheid die steilste Trasse ohne Zahnradbetrieb in Deutschland. Obwohl sich schnell ein reger Güterverkehr entwickelte, blieb der Bahnhof Lüdenscheid immer eine Kopfstation, in dessen Nähe sich nur die Schmalspurstrecke der Altenaer Eisenbahn von Halver nach Schalksmühle ansiedelte.

Der winterliche Bahnhof von Marienheide im Februar 1983.

Weiter bis zur Wipper

Nach der Verstaatlichung der BME realisierte die Preußische Staatseisenbahn bis zum Jahre 1893 noch den Weiterbau von Brügge bis nach Marienheide, womit der Anschluss an die Wippertalbahn nach Remscheid-Lennep und die Aggertalbahn über Gummersbach nach Köln geschafft war. Ab 1910 zweigten die Züge der Volmetalbahn dann auch von Oberbrügge aus in Richtung Wipperfürth und Radevormwald ab. Damit bestanden u. a. Anschlüsse zu den Zweigbahnen nach Opladen, Barmen und Solingen. Die Volmetalbahn war hierdurch zu einer Schnittstelle zwischen Ruhrgebiet und Bergischem Land geworden. Wegen des hohen Verkehrsaufkommens wurde die Strecke dann ab 1913 zwischen Oberbrügge und Hagen sogar zweigleisig ausgebaut.

12. Eine Bahn ins Biggetal

1. April 1874: Die Eröffnung der Strecke Finnentrop–Olpe

Wichtige Stationen: Finnentrop, Attendorn, Olpe

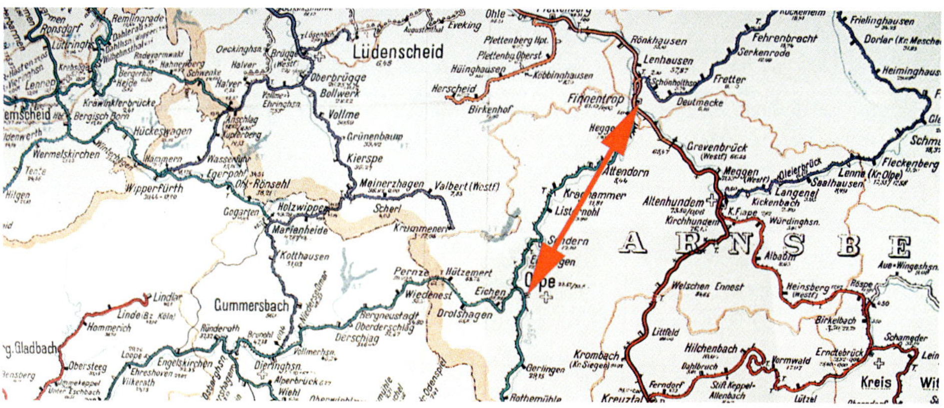

Einen Brückenschlag vom Sauer- ins Bergische Land bildete die Strecke Finnentrop–Olpe.

Optionen für Olpe

„Eine günstige Rückwirkung auf den Verkehr der Ruhr-Sieg-Eisenbahn lässt sich von der Linie ohne Zweifel erwarten", hoffte der BME-Verwaltungsratsvorsitzende Daniel von der Heydt im Juni 1866 und meinte damit eine Bahn von der Ruhr-Sieg-Bahnstation Finnentrop ins sauerländische Olpe. Von der Heydt konnte auch nur hoffen, denn seiner Gesellschaft blieb keine andere Wahl, als die Bahn zu bauen. So wollte es der Staat, als das Projekt einer Verbindung von Köln nach Kassel nicht zustandekam und die BME stattdessen die Konzession für die Obere Ruhrtalbahn erhielt. Während die BME hoffte, zwischen den Städten Attendorn und Olpe von den vielen Eisensteingruben, Schiefer- und Marmorbrüchen zu profitieren, warteten die Menschen dort sehnsüchtig auf eine Eisenbahn. Weil das Köln-Kasseler Projekt in weiter Ferne lag, überlegten die Unternehmen sogar, eine Pferdebahn zu bauen. Das Warten hatte jedoch ein Ende, als der preußische Minister für Handel, Gewerbe und öffentliche Arbeiten der BME förmlich befahl, eine Eisenbahn von Finnentrop über Olpe nach Rothemühle im Biggetal zu „veranlassen", deren Baukosten auf 2,5 Millionen Taler veranschlagt waren. Optional sollte es dann von Olpe aus weiter nach Köln gehen.

Romantische Nebenbahnatmosphäre verströmt der Bahnhof Attendorn im April 1984.

Die BME, die bisher vor diesem Projekt zurückgeschreckt war, musste sich beugen. Danach ging alles recht schnell: Die Konzession erfolgte am 14. Februar 1870, die endgültige Festsetzung des Projektes im Dezember 1871 und der Baustart im Februar 1872. Es zeigte sich schnell, dass die BME nicht grundlos den Bahnbau ins Biggetal gefürchtet hatte. Trotz hoher Löhne fiel es der Gesellschaft schwer, genügend Arbeiter zu rekrutieren. Wegen der dünngesäten Ortschaften baute die BME dann für die Arbeiter Baracken, die später auch als Wohnhäuser der Bahnwärter gedacht waren. Hunderte von Arbeitern kämpften sich von Finnentrop aus durch das Lenne- und Biggetal, bauten eine Brücke über die Lenne und sieben Brücken über die Bigge sowie zahlreiche kleinere Durchlässe. In Olpe entstand ein Bahnhof für eine eingleisige Strecke, die aber für den angedachten Weiterbau nach Köln zweigleisig ausgebaut werden konnte.

Ein dreiteiliger Schienenbus ist im Juli 1983 am Ahauser Stausee auf der Strecke Olpe–Finnnentrop unterwegs.

Schienenbus im Schnee: Bahnhof Finnentrop im Winter 1978.

In Olpe knallen die Korken

Den Bahnhof Finnentrop erweiterte die BME unter anderen mit einem Beamtenwohnhaus, einem Lokschuppen mit Werkstätte und einem Wasserturm. Den ersten Abschnitt zwischen Finnentrop und Attendorn konnte sie dann am 1. April 1874 dem Personen- und Güterverkehr übergeben, ehe anderthalb Jahre später dann am 1. November 1875 auch in Olpe die Korken knallten, als am Bahnhof die erste Lok einfuhr. Obwohl die Strecke nie zweigleisig ausgebaut und bereits zwei Jahre später in eine Nebenbahn mit vereinfachter Betriebsführung zurückgestuft wurde, beschloss der preußische Landtag im September 1878 einen Weiterbau von Olpe nach Rothemühle. Bereits zwei Jahre später hatte die BME auch diesen Abschnitt fertiggestellt.

Von Ründeroth nach Ruhr-Sieg

Durch die neue Eisenbahn in Olpe hofften auch die Menschen im Oberbergischen Land wieder auf einen Schienenanschluss, zumal die BME 1871 eine Konzession für den Bau einer Vollbahn von Siegburg über Overath ins oberbergische Ründeroth in der Tasche hatte. Doch die Oberbergischen hofften zunächst vergeblich, denn die Strecke kam erst im Jahre 1884 durch die Staatsbahn zustande. Im Oktober feierten die Oberbergischen frenetisch die Eröffnung des Abschnitts von der Ruhr-Sieg-Station Siegburg nach Ründeroth. Die Strecke war zwar zwischen Overath und Ründeroth ziemlich primitiv neben einer Chaussee angelegt, wurde aber als Keimzelle der „Aggertalbahn" dennoch zu einer Initialzündung für den Ausbau des oberbergischen Eisenbahnnetzes. Der Ort Dieringhausen, in den ab 1893 die Züge aus dem Volmetal und später über Bergneustadt auch aus Olpe kamen, entwickelte sich zu einem Eisenbahnknoten mit Bahnbetriebswerk. Die Lücke zwischen Ründeroth und Olpe schloss sich dann erst im September 1903. Die Staatsbahn verlängerte die Strecke Olpe–Rothemühle dann 1907 bis ins siegerländische Freudenberg, von wo aus schon seit 1888 die Asdorftalstrecke nach Kirchen an der Deutz-Gießener-Bahn führte. Doch das bergische Eisenbahnbaufieber sollte nicht lange anhalten.

13. Neue Einnahmen im Emschertal

1. November 1874: Die Eröffnung der Bahnstrecke Essen–Bochum–Herne

Wichtige Stationen: Essen Hbf, Bochum Hbf, Herne, Oberhausen Hbf

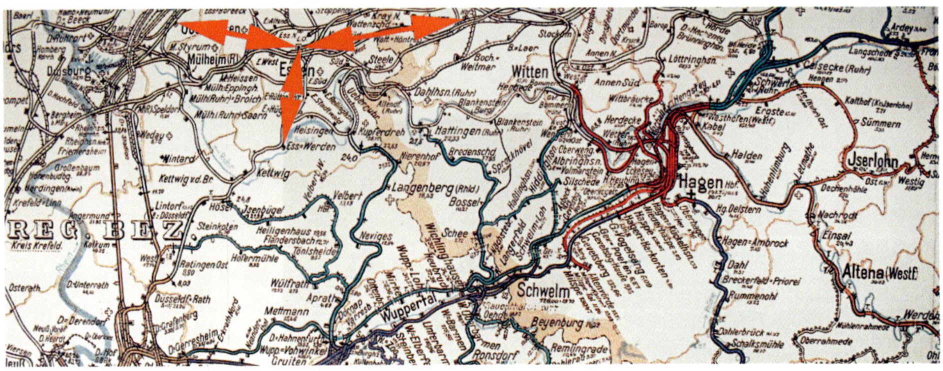

Die „Emschertalbahn" verband die Städte Essen, Bochum, Herne und Oberhausen.

Ohnmächtig und ohne Mittel

„Aus einer kleinen lokalen Bahn, welche in notdürftigster Weise betriebsfertig gestellt, aber nicht imstande war, die dringend notwendigen Mittel für die bauliche Vollendung anzuschaffen, ohne Credit und ohne Vertrauen, ohnmächtig durch den gänzlichen Mangel der Selbstständigkeit ist eines der bedeutendsten, intensiv und extensiv wichtigsten Eisenbahnsysteme geworden", bilanzierte die Königliche Eisenbahn-Direktion Elberfeld stolz im Oktober 1874. Die BME besaß zu diesem Zeitpunkt nach 25 Jahren emsigen Bauens, Aufkaufens und Verbindens ein Eisenbahnnetz, das fast das gesamte Bergische Land, den größten Teil der Märkisch-Westfälischen Bergbaugebiete sowie jener an Rhein und Ruhr umfasste. Mit der Übernahme zahlreicher Eisenbahngesellschaften hatte sich die BME ein wahres Imperium geschaffen. Hinter der Fassade begann es jedoch zu bröckeln, denn die Betriebsergebnisse ließen zu wünschen übrig. Die Gesellschafter führten diese bittere Bilanz sowohl auf die steigenden Löhne und Preise als auch auf die im Vergleich zur Konkurrenz vielleicht zu günstigen Transporttarife zurück. Um sich neue Einnahmequellen zu schaffen, hatte die Gesellschaft bereits im Mai 1871 das Emschertal ins Visier genommen, wohin sich der Kohlebergbau aus dem Ruhrgebiet zunehmend verlagerte.

Der Bahnhof Bochum spielte für die BME bei der Planung ihrer Emschertalbahn eine zentrale Rolle.

Unternehmen „Emschertalbahn"

Neidisch blickten die Elberfelder mal wieder auf die KME, die bereits 1866 den stark befahrenen Abschnitt zwischen ihren Bahnhöfen in Wanne und Herne viergleisig ausgebaut hatte. Die westliche Fortsetzung folgte im November 1871 vom Bahnhof Wanne aus nach Schalke und zwei Jahre später rollten ab 15. November 1873 die Güterzüge auch von Osterfeld nach Sterkrade. Weil die Strecke nahe des Flusses Emscher verlief, erhielt sie praktisch zwangsläufig den Namen „Emschertalbahn".

Die BME wollte nicht tatenlos zusehen, wie sich die KME das wirtschaftlich aufblühende Emschertal praktisch im Alleingang eroberte und nahm deshalb 1871 ihrerseits eine „Emschertalbahn" in Angriff. Der Bergbau im Emschertal entwickelte sich rasant und versprach zahlreiche Zechenanschlüsse mit entsprechenden Gütertransporten. „Es handelt sich um ein unerschöpfliches, in der Eigenart des gewonnenen Materials unübertroffenes Kohlengebiet", erklärte Daniel von der Heydt bei der außerordentlichen Generalversammlung im Mai 1871.

Durch das klirrend kalte Herne-Rottbruch dampft 044 434 im Januar 1977.

Stau in Steele

Der Bahnhof Bochum sollte beim Bau der Märkischen Emschertalbahnen eine zentrale Rolle spielen. Bereits im Jahre 1867 hatte die BME von Bochum aus eine eingleisige Zweigbahn gebaut, die über Bochum-Riemke nach Herne bereits verschiedene Zechen bediente. Mit den Emschertalbahnen, die von Herne als Endpunkt der von Bochum-Riemke kommenden Güterzugstrecke starten sollten, wollte die BME die Strecke der KME unterschreiten und dadurch in den nördlichen Teil des Kohlenreviers eintreten. Der einstimmige Beschluss zum Bau und Betrieb einer Eisenbahn „in und durch das Emschertal" erfolgte dann auf der Generalversammlung am 11. Mai 1871. Ein halbes Jahr später beschlossen die Delegierten bei ihrer Generalversammlung am 7. Dezember zudem den Bau einer direkten Eisenbahn von Bochum nach Essen sowie einer Verbindungsbahn zwischen Essen und Essen-Werden. Mit diesen beiden sogenannten „Spezialprojekten" wollte die BME u. a. den Bahnhof Steele von den zu erwartenden Transporten auf der Emschertalbahn entlasten, war er doch bereits Anschlusspunkt der einstigen „Prinz-Wilhelm-Bahn" an die Witten-Duisburger Bahn. Dieser vielbefahrene Bahnhof war spätestens seit der Eröffnung der Verbindungsbahn von Dahlhausen nach Laer im Oktober 1870 und der Fertigstellung der „Unteren Ruhrtalbahn" hoffnungslos überlastet. Weil er zwischen städtischen Gebäuden und Industriebetrieben förmlich eingezwängt lag, war eine bauliche Erweiterung dort nicht mehr möglich.

Helene aus Herne

Durch den Bau der Verbindungsstrecke vom Rangierbahnhof Essen nach Essen-Werden sollten zudem die von Osten kommenden Transporte nicht nur nach Duisburg und Ruhrort, sondern auch auf kürzestem Wege nach Düsseldorf möglich werden. Ein rege Bautätigkeit setzte nun im Emschertal zwischen Bochum und Herne ein. Der Baubeginn

Anhalten am Andreaskreuz heißt es im Juli 1958 am Bahnübergang bei Gelsenkirchen-Schalke.

Ein Schienenbus VT 95 vor der Schachtanlage „Emil" im Dezember 1954 auf der Verbindungsbahn zwischen Essen Hbf und Essen-Katernberg Nord.

der Strecke von Bochum über Wattenscheid bis nach Herne erfolgte Ende Juni 1872. Das entscheidende Teilstück von Essen nach Bochum wurde am 1. November 1874 für den Güterverkehr und am 1. Januar 1875 für den Personenverkehr eröffnet. Zuvor war bereits im März 1874 die Strecke von Essen nach Herne mit Anschlüssen u. a. an die Zechen „Königin-Elisabeth", „Helene Amalie" und „Zollverein Carl" betriebsbereit.

Die Trasse zweigte am Bahnhof Bochum von der Strecke Witten–Duisburg ab und die Züge fuhren durch den neu gebauten Bahnhof Wattenscheid wieder parallel zur Strecke Witten–Duisburg in den Personenbahnhof Essen ein. Vom Bahnhof Essen führte zudem seit April 1874 ein Anschluss nach Schalke mit dem Abzweig Helene nach Essen-Altenessen. Der Abschnitt von Schalke über Gelsenkirchen-Bismarck nach Herne konnte am 10. Januar 1876 dem Verkehr übergeben werden.

Bedeutend schwieriger gestaltete sich auf anspruchsvollem Terrain ab November 1873 der Trassenbau von Essen nach Werden. Zur Überwindung des Höhenunterschiedes zwischen den Rangierbahnhöfen Essen und Werden mussten ein 400 Meter langer Tunnel, ein 117 Meter langer Viadukt sowie zahlreiche Eisenbahn- und Wegebrücken gebaut werden. Erdrutsche sorgten dabei immer wieder für Verzögerungen, so dass die Strecke später als erhofft erst am 15. August 1877 eröffnet wurde. Eine weitere Teilstrecke im Netz der Emschertalbahnen folgte am 1. Juni 1880 mit der 14 Kilometer langen Verbindung von Essen-Katernberg nach Oberhausen.

Mit den Emscher- und den Ruhrtalbahnen hatte die BME nun ein Liniennetz durch das gesamte Kohlenrevier geknüpft. Der damit verbundene Aufschwung der rheinisch westfälischen Montanindustrie führte zu enormen Transportleistungen bei Kohle und Koks. Es war das letzte große Eisenbahnprojekt der BME, die sich in den kommenden Jahren meist nur noch auf den Bau einiger lokaler Zweigbahnen fixierte.

14. Eine Trasse für den Teckel

12. Mai 1876: Die Eröffnung der Strecke Hagen–Gevelsberg-Altenvoerde

Wichtige Stationen: Hagen, Gevelsberg-Haufe, Gevelsberg-Altenvoerde

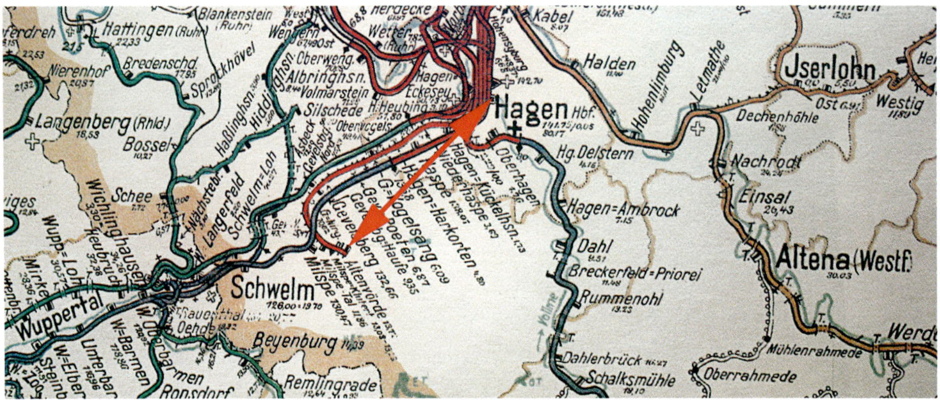

Vornehmlich für Industriebetriebe baute die BME die Strecke von Hagen nach Gevelsberg-Altenvoerde.

Alle Einwände abgewehrt

Zu diesen Zweigbahnen zählte auch eine Strecke, die vom Bahnhof Hagen nach Gevelsberg führen sollte und von der BME stets als Bahn von „lokalem und sekundärem Charakter“ eingestuft wurde. Nachdem das Projekt im November 1872 nach vielen Verhandlungen festgezurrt war, um vornehmlich die Industriebetriebe entlang des Flusses Heilenbecke mit einem Schienenanschluss zu bedienen, startete die BME mit den Bauarbeiten im Mai 1873. Doch der Trassenbau verzögerte sich, weil aus dem Ennepetal immer wieder Änderungswünsche hinsichtlich der Beseitigung von Niveauübergängen eingebracht wurden. Die BME wehrte aber alle Einwände ab und die rund 9,5 Kilometer lange Teilstrecke von Hagen bis Gevelsberg-Haufe konnte am 12. Mai 1876 für den Güterverkehr und drei Tage später auch für den Personenverkehr eröffnet werden. Es war dann nach der Verstaatlichung der BME die Staatsbahn, die den letzten Abschnitt nach Altenvoerde am 28. März 1882 fertigstellte. Die Strecke verlief durch die Städte Hagen, Gevelsberg und Ennepetal größtenteils entlang der Straße.

Im Ennepetal bei Gevelsberg ist im Jahre 1938 Lok 39 143 unterwegs.

Profitabel und populär

Eine architektonische Besonderheit der Strecke ist der rund 90 Meter lange Kruiner Tunnel. Dieser kombinierte Eisenbahn- und Straßentunnel entstand am Streckenabschnitt in Gevelsberg aufgrund eines Dammbaus für die erste BME-Strecke von Wuppertal nach Dortmund. Während oberhalb des Damms zwischen den Stationen Milspe und Haspe die BME-Züge von Wuppertal nach Dortmund fuhren, wird der Tunnel von der Ennepetalbahn und dem Autoverkehr passiert. Trotz ihres Nebenbahncharakters entwickelte sich die Ennepetalbahn für die BME schnell zu einer profitablen Strecke, denn sowohl Güter- als auch Personenverkehr wuchsen rasant. Die Bahn war viele Jahre im Ennepetal das Hauptverkehrsmittel für Schüler, Arbeiter und Einkäufer. Betriebe wie Wittmann, Hoesch und die Hasper Hütte nutzten ebenfalls die Vorteile des Bahntransports. Zeitweise war die Bahn so erfolgreich, dass die Züge sogar jahrelang über Hagen bis nach Dortmund weiterfuhren. Und der Volksmund nannte die Ennepetalbahn spätestens während der Ära der Schienenbusse nur noch liebevoll „Teckel".

15. Die letzte Bahn dem Balkan geschenkt

12. Mai 1876: Die Eröffnung der Strecke Bergisch Born–Wermelskirchen–Opladen

Wichtige Stationen: Bergisch Born, Wermelskirchen, Hilgen, Burscheid, Opladen

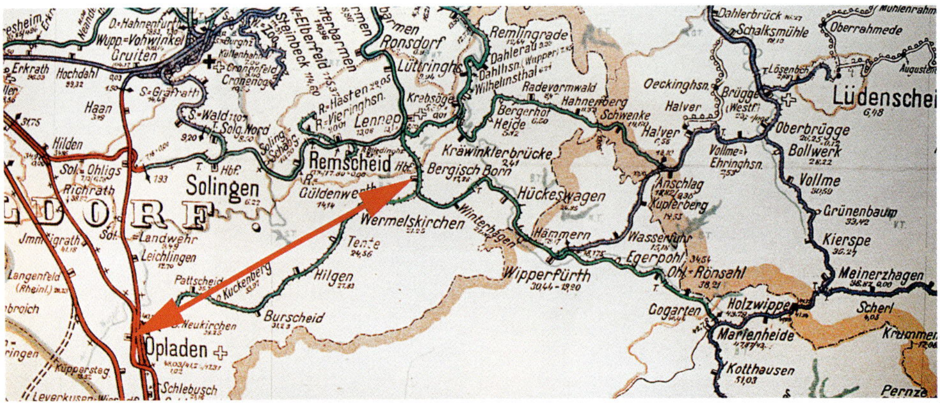

Durch den dünn besiedelten bergischen „Balkan" führte die Strecke von Bergisch Born bis Opladen.

Der Verfall droht

Spätestens seit Fertigstellung der Nebenbahn von Rittershausen nach Remscheid im September 1868, die von der Bergisch-Märkischen Stammstrecke Elberfeld–Dortmund abzweigte, wollte neben den bergischen Orten Hückeswagen und Wipperfürth auch die Stadt Wermelskirchen einen Eisenbahnanschluss. „Schon bei der festlichen Betriebseröffnung stellten in nachbarlicher Zuversicht die Städte Wermelskirchen, Hückeswagen und Wipperfürth ihre Anträge auf die Weiterführung von Lennep aus", berichtete Daniel von der Heydt den Delegierten bei der Generalversammlung am 16. Oktober 1869. Während in Hückeswagen und Wipperfürth die Tuchindustrie als schlagkräftiges Argument für einen Eisenbahnanschluss in die Waagschale geworfen wurde, herrschte in den Städten Burscheid und Wermelskirchen offenbar die pure Verzweiflung. Den ansehnlichen Fabriken der Stadt Burscheid drohe wegen des Mangels an Schienenverbindung der Verfall, protokollierte die BME.

Wenig Bedarf an der Bahn im „Balkan“: Ein Triebwagen 515516 hält im Jahre 1991 am schon ziemlich heruntergekommenen Bahnhof Hilgen.

Ein unausweichliches Bedürfnis

Dabei schien eine Verlängerung von Lennep nach Wermelskirchen allemal sinnvoll, weil diese Eisenbahn weiter nach Opladen an der Strecke Haan–Deutz geführt werden konnte. Somit wäre von der Strecke Rittershausen–Remscheid über Wermelskirchen ein kurzer Weg nach Köln möglich. Auch die Handelskammer Solingen sowie die Stadträte von Remscheid und Ronsdorf unterstützten die Pläne einer Zweigbahn von Lennep über Born und Wermelskirchen nach Opladen. Dennoch war das Projekt noch einmal kurzfristig gefährdet, als die Konkurrenz der Rheinischen Eisenbahngesellschaft eine Bahn von

Sogar das Örtchen Kuckenberg bekam einen Halt auf der Balkanstrecke.

Köln über Hückeswagen ins westfälische Kohlenrevier plante. Am Ende siegte die BME in diesem Wettstreit mit dem alten Konkurrenten und machte nun Nägel mit Köpfen. Die Generalversammlung beschloss am 11. Mai 1871 einstimmig den Bau einer Bahn zwischen der bereits konzessionierten Lennep-Wipperfürther Strecke und der Elberfeld-Kölner Linie bei Opladen. „Das unausweichliche Bedürfnis einer direkten Verbindung für den Verkehr der oberbergischen Städte mit Köln rechtfertigt den Bau der Bahn von Lennep nach Opladen“, begründete von der Heydt die Vorlage vor den Aktionären. Die Vorarbeiten begannen dann Ende 1872 und waren zumindest zwischen dem geplanten Trennungsbahnhof Born und Hilgen bereits im Mai 1873 fertiggestellt, als sie dann plötzlich stockten.

Oft menschenleer waren die Stationen der „Balkanbahn“ wie im Mai 1982 am Haltepunkt Unterstraße zwischen Wermelskirchen und Burscheid.

Östlich nach Opladen

Die Burscheider Politiker wandten sich prompt an das Handelsministerium in Berlin, um die BME zum Weiterbau zu drängen. Gerüchte kamen auf, dass sich die BME lieber um Großprojekte wie die Emschertal- oder Ruhrtalbahn kümmere. Zudem vermuteten Außenstehende, dass die BME wegen der Wirtschaftskrise knapp bei Kasse sei. Und dann sorgte noch die ungünstige Wetterlage mit Winterfrost, Frühlingsregen und Herbststürmen dafür, dass sich die Bauarbeiten weiter verzögerten. So wurde zunächst nur der Abschnitt bis Wermelskirchen fertig, der am 12. Mai 1876 zusammen mit der Strecke nach Hückeswagen für den Güterverkehr eröffnet wurde. Drei Tage später rollten auch die Personenzüge. Vom neuen Zweigbahnhof Bergisch Born fuhren die Güter- und Personenzüge dann ab sofort ostwärts nach Hückeswagen und westlich Richtung Wermelskirchen. Damit hatte die BME mit einem Schlag zwei Nebenbahnen geschaffen, die unter dem Namen „Wippertalbahn“ und „Balkanexpress“ im Bergischen Land Legendenstatus erreichten.

Ein düsteres Menetekel

Mit Legendenbildung hatten die Menschen im „Balkan“ zwischen Burscheid und Bergisch Neukirchen allerdings wenig im Sinn – vielmehr mussten Industrie und Gewerbe konstatieren, dass sich der Weiterbau nach Opladen weiterhin erheblich verzögerte. Wieder appellierten die Bahnbetroffenen an das Berliner Ministerium, die BME zum Weiterbau zu drängen. Albert von Maybach, damals amtierender Minister für öffentliche Arbeiten, vertröstete die Protestler mit dem Hinweis, dass es auch der BME bei der momentan herrschenden Weltwirtschaftskrise finanziell nicht gut ginge. Der Minister war jedoch auch ein Mann, der die Verstaatlichung der Privatbahnen vorantrieb und die BME bekam bald zu spüren, was ihr blühen könnte. Sie wurde von Maybach aufgefordert, trotz der finanziell angespannten Lage bereits konzessionierte Strecken dennoch voranzutreiben, sonst werde der Staat die Genehmigung an eine andere Gesellschaft vergeben oder den Bau selbst in die Hand nehmen. Der staatliche „Wink mit dem Zaunspfahl“ wirkte und die BME nahm die Arbeiten im August 1879 wieder auf. Regenfälle und Frostperioden sorgten immer wieder für Unterbrechungen, so dass der komplette Streckenast nach Opladen erst am 15. Oktober 1881 eröffnet wurde. Obwohl die Menschen zwischen Wermelskirchen und Burscheid dieses „historische Ereignis“ feierten, lag der spätere Name „Balkanexpress“ wie ein düsteres Menetekel über dieser Strecke, die rund 120 Jahre später zum Stillstand kam. Und was bei der Eröffnung keiner ahnte: Die Eisenbahn durch den dünn besiedelten und topografisch schwierigen „Balkan“ sollte das offizielle Abschiedsgeschenk der BME an das bergische Eisenbahnzeitalter sein.

16. Abgewickelt und liquidiert

1. Januar 1882: Das Ende der Bergisch-Märkischen Eisenbahngesellschaft

Noch von der BME geplant, aber nicht gebaut wurde die Strecke Siegburg–Lohmar, besser bekannt als „Luhmer Grietche".

Ein Staat im Staate?

Die Nerven lagen offensichtlich blank. „Also, man fürchtet eine große Gesellschaft, weil sie ein Staat im Staate, eine Macht zu werden droht?", hatte sich Daniel von der Heydt schon bei der BME-Generalversammlung am 20. Februar 1869 geärgert. Er zielte damit auf die Kritiker und Konkurrenten, die immer wieder eine Zerschlagung der angeblich zu mächtigen Gesellschaft forderten. Weil die BME unter staatlicher Verwaltung stand, glaubte die Konkurrenz, bei der Konzessionsvergabe für neue Strecken im Nachteil zu sein. Zudem sah sich die Gesellschaft immer wieder Angriffen von Provinzpolitikern ausgesetzt, die ungeduldig auf einen Eisenbahnanschluss warteten. Oft wurde der BME, besonders im Oberbergischen Land, ein mangelndes Interesse an weniger rentablen Nebenbahnstrecken vorgeworfen. Und selbst als es keine BME mehr gab, redete sich noch mancher der Honoratioren, wie beispielsweise bei der Neueröffnung des Aggertalbahn-Abschnitts zwischen den oberbergischen Gemeinden Derschlag und Ründeroth, im Jahre 1887 über die angebliche Verschleppungstaktik der BME förmlich in Rage.

„Deutzer Eisenbahnjammer": Die gigantische Anlage des BME-Bahnhofs Schiffbrücke verstellte den „Düxern" den Blick auf den Rhein.

Schluss mit dem „Trassenterror"

Die BME sah sich jedoch zu Unrecht in der Kritik und verwies auf ihre Leistungen im Bahnbau unter nicht immer einfachen Umständen. Vielmehr fühlten sich die Aktionäre oft von der Königlichen Eisenbahndirektion gegängelt und vom Handelsministerium unter Druck gesetzt. Und das, obwohl die Deputation der Aktionäre spätestens seit 1875 recht freizügig über Geldmittel und Tarife verfügen konnte. Daniel von der Heydt setzte deshalb als Verwaltungsratsvorsitzender im Februar 1869 weiterhin auf eine „gesunde und würdige Erweiterung unseres Unternehmens" und sollte damit für rund zehn Jahre Recht behalten. Spätestens Ende der 1870er-Jahre wurde die Luft für die privaten Eisenbahngesellschaften aber immer dünner. Preußen beobachtete den oft rücksichtslosen Konkurrenzkampf der Privaten untereinander zunehmend argwöhnisch. Die Folgen dieses „Trassenterrors" waren beispielsweise mangelnde Anschlusszüge, ein Tarifdschungel mit zahlreichen Ausnahmen oder Lücken im Streckennetz. Auch das anfangs optimistisch beurteilte Mischsystem aus Privat- und Staatsbahn hatte sich letztendlich nicht bewährt. Die Zersplitterung der Verwaltungen hemmte den Fortschritt und verteuerte den Betrieb. Preußen begann deshalb verstärkt, ab 1879 unter Vorsitz des Eisenbahnministers Albert von Maybach, die großen Privatbahnen zu erwerben, um ein geschlossenes Staatsbahnsystem zu etablieren. Um einen Ausgleich zu schaffen, entschädigte der Staat die Aktieneigner mit hochverzinsten Staatspapieren. Auch dem langjährigen BME-Konkurrenten KME ging es schließlich mit der Verstaatlichung am 20. Dezember 1879 an den Kragen und nur wenige Monate später war auch die Rheinische Eisenbahn-Gesellschaft nur noch Geschichte.

Im Zwiespalt der Interessen

Auch der BME ging so langsam die Puste aus. Nach der Eröffnung der Strecke von Born nach Opladen folgten nur noch Übernahmen oder Lückenschlüsse.

Dazu zählten ab Juni 1880 die Betriebsübernahme der 59 Kilometer langen Strecke Winterswijk–Gelsenkirchen-Bismarck der ehemaligen Niederländisch-Westfälischen Eisenbahn und die im Februar 1881 eröffnete vier Kilometer lange Güterzugstrecke von Dortmunderfeld über Huckarde-Süd zum Dortmunder Güterbahnhof. Der Zweigbahnhof Born für die Strecken nach Hückeswagen und Opladen bekam im Jahre 1881 ein neues Empfangsgebäude, der Personenbahnhof Hagen eine elektrische Beleuchtung und der Bahnhof Dalheim ein Beamtenwohnhaus für acht Familien. Zudem machte die BME mit ihren Strecken zunehmend den Staatsbahnen Konkurrenz – eine paradoxe Situation, denn die Gesellschaft stand ja unter staatlicher Kontrolle. Das Fass zum Überlaufen brachte dann der Einspruch der Deputation der Aktionäre gegen das im Herbst 1880 gegründete Königliche Wagenamt. Die Behörde war nach der Verstaatlichung der KME und Rheinischen für die Wagenverteilung im Ruhrgebiet zuständig, was der BME gegen den Strich ging. Der Staat sah sich immer im Zwiespalt der Interessen, weil er als Verwalter der BME zugleich Auftraggeber und Konkurrent der Gesellschaft war und auch die Aktionäre sahen ein, dass es so nicht weitergehen konnte. Getreu dem Motto „Alles oder nichts“ fasste man nur zwei Alternativen ins Auge: Entweder wurde die Gesellschaft wieder vollkommen privatisiert oder komplett verstaatlicht.

Rückgabe gegen Rendite

Der Vormarsch des preußischen Staatsbahnsystems war jedoch nicht mehr aufzuhalten. Auch die Aktionäre sahen ein, dass die einst so stolze und oft aggressiv agierende BME nur noch der Bremsklotz für die Schaffung eines geschlossenen Bahnnetzes war. Die Generalversammlung beschloss daher am 24. November 1881, ab dem 1. Januar 1882 Verwaltung und Betrieb komplett an den Staat abzugeben. Gleichzeitig gingen die Befugnisse der Generalversammlung und der Deputation der Aktionäre auf die Königliche Eisen-

Eine „Hinterlassenschaft" der BME waren umfangreiche Bahnanlagen in Köln-Deutz.

bahndirektion Elberfeld über. Der entsprechende Vertrag wurde zwischen Gesellschaft und Königlicher Staatsregierung am 7. Dezember 1881 geschlossen. Der Staat gewährte den Inhabern der Stammaktien eine Entschädigung in Form einer jährlichen Rente von fünf Prozent einer Aktie im Wert von 300 Mark. Gleichzeitig behielt sich die Regierung aber das Recht vor, zu jeder Zeit das gesamte Eigentum der BME zu erwerben und deren Auflösung herbeizuführen. In diesem Fall musste Preußen den Aktieninhabern rund

So mancher BME-Strecke ging es später an den Kragen wie hier im Jahre 1989 bei der Demontage der Eisenbahntrasse Bergisch Gladbach–Bensberg.

210 Millionen Mark überweisen. Der Staat übernahm jedenfalls ein mächtiges Imperium, denn zum Zeitpunkt ihrer Verstaatlichung hatte die BME rund 1.300 Kilometer Schienen mit über 40 Strecken von der belgischen und holländischen Grenze nach Mitteldeutschland und durch das niederrheinisch-westfälische Industriegebiet geschlagen oder erworben. Über 770 Lokomotiven und rund 21.000 Wagen bildeten das Rollmaterial, während das konzessionierte Kapital Ende 1881 rund 600 Millionen Mark betrug. Rund 15 Millionen Fahrgäste waren noch 1881 mit den Zügen der BME durch die Lande gereist und die Dampfloks zogen Wagen mit rund 19 Millionen Tonnen Gütern über Ruhr, Wupper und Volme.

Ende einer Ära: P 2, die bei der BME als „Elberfeld 1556" fuhr, wurde nach der Verstaatlichung von der Staatsbahn übernommen.

Aus und vorbei

So manche Provinz, die auf eine Zweig- oder Nebenbahn hoffte, zuckte zunächst zusammen, als die Verstaatlichung bekannt wurde. Doch die Aufregung war unnötig, denn der Staat bemühte sich ja gerade darum, besonders die wirtschaftlich rückständigen Landstriche mit einer Eisenbahn zu versorgen. Dazu diente auch ab Juli 1892 das Preußische Kleinbahngesetz, das die Anlage lokaler Eisenbahnen unterstützte. Jedenfalls vollendete die Staatsbahn die Strecken, die noch von der BME geplant waren. Dazu gehörten jene zwischen Hemer und Menden im September 1882, zwischen Homberg und Moers im Januar 1883 sowie zwischen Kreuztal und Hilchenbach im März 1884. Im Bergischen Land freuten sich die Menschen im September 1883 über die Stichbahn vom Remscheider Hauptbahnhof nach Hasten und im Oktober 1884 über die Aggertalbahn von Siegburg nach Lohmar. Der Bergisch-Märkische Bauboom war jedoch vorüber und mit der BME-Auflösung zum 1. Januar 1886 endgültig ein Fall für die Geschichtsbücher.

17. Was von den Strecken der Bergisch-Märkischen Eisenbahn übrigblieb (und was nicht)

Tief gelegt

Auch 130 Jahre nach der BME-Liquidation zählen viele der einst gebauten Strecken zu den wichtigsten Schienensträngen im gesamten heutigen Bundesgebiet. Oft wurden sie anschließend vielfach umgestaltet oder erweitert, aber auch stillgelegt und demontiert. Nach wie vor besteht die 1848 eröffnete BME-Stammstrecke von Elberfeld nach Dortmund, die später bis nach Düsseldorf, Köln und Hamm weitergeführt wurde. Befahren wird die Strecke gegenwärtig u. a. vom „Wupper-Express“ RE 4 Dortmund–Hagen–Wup-

Nach wie vor viel frequentiert ist der Bahnhof Gruiten (vormals Bahnhof Haan), wo ein Talent-Triebwagen im März 2015 auf die Abfahrt nach Köln wartet.

pertal–Düsseldorf–Mönchengladbach–Aachen, vom „Rhein-Münsterland-Express“ RE 7 Rheine–Münster–Hamm–Hagen–Wuppertal–Solingen–Köln–Neuss–Krefeld und vom „Maas-Wupper-Express“ RE 13 Venlo–Viersen–Mönchengladbach–Düsseldorf–Wuppertal–Hagen–Hamm. Der Kölner Hauptbahnhof wird dabei über den Abschnitt Gruiten– (bis 1907 Bahnhof Haan) Deutz erreicht. Zudem verkehrt auf der ursprünglichen BME-Strecke die ICE-Linie 10 von Köln über Wuppertal, Hagen und Hamm nach Berlin.

Ironischerweise wird zwischen Deutz und Mülheim ausgerechnet ein Teil der ehemaligen Köln-Mindener-Linie benutzt. Im heutigen Kölner Stadtteil Mülheim, wo KME und BME einst so heftig stritten, wurden die Linien 1906 am neu gebauten Bahnhof mit der Trasse der Rheinischen zusammengelegt. Wo es am Wiener Platz früher zwei Bahnhöfe gab, hält heute die Stadtbahnlinie 4.

Der BME-Bahnhof Schiffbrücke stand Anfang des 20. Jahrhundert der aufwändigen Umgestaltung des Kölner Eisenbahnknotens im Wege. Er wurde 1914 abgerissen und die einstige BME-Trasse unter dem am 11. November 1913 eröffneten Personenbahnhof Köln-Deutz als Deutz-Tief wiedereröffnet.

Eine unrühmliche Rolle spielte der Bahnhof während der Nazizeit, als zwischen 1941 und 1944 zahllose Juden in die Konzentrationslager deportiert wurden.

Umfassender Umbau

Nach Verstaatlichung der BME baute die Staatsbahn den Bahnhof Elberfeld weiter aus. Dazu zählte ein zusätzliches Gleispaar für den lokalen Verkehr, um vorhandene Gleise für durchgehende Züge freizuhalten. Der Name des Bahnhofes wechselte mehrfach und

Stark von Umbaumaßnahmen geprägt ist bis 2017 der heutige Hauptbahnhof Wuppertal. Rechts ist das ehemalige BME-Direktionsgebäude zu sehen.

lautet seit 1992 „Wuppertal Hauptbahnhof". Der alte BME-Bahnhof, einer der ältesten Großstadtbahnhöfe Deutschlands, wird seit 2009 umgebaut. Der neue Bahnhof wird nach dem Umbau u. a. über zwei Einkaufsebenen sowie über einen großen Bahnhofsvorplatz verfügen. Das ehrgeizige Bauprojekt rund um den Döppersberg soll 2017 beendet sein.

100 Jahre Hellwegbahn

Die im Jahre 1855 eröffnete Strecke Dortmund–Soest wurde 1866 noch von der BME zweigleisig ausgebaut und von der Deutschen Bundesbahn bis Ende 1970 elektrifiziert. Schon am 10. Juli 1955 hatte die Bundesbahndirektion Essen das 100-jährige Bestehen der Linie mit vielen Bürgern und einem großen Fest gefeiert. Unter dem Namen „Hellwegbahn" fahren die FLIRT-Triebzüge der eurobahn momentan wochentags im Halbstundentakt; die wenigen Güterzüge sind hauptsächlich zwischen Holzwickede und Soest unterwegs. Während der heutige Haltepunkt Westönnen ein restauriertes Empfangsgebäude mit ehemaligem Stellwerk vorweist, ist der Bahnhof Soest auf wenige Gleise zurückgebaut. Er ist heute Station des NRW-Express (RE 1) von Aachen nach Paderborn, der Hellweg-Bahn (RB 59) von Dortmund nach Soest und der Ems-Börde-Bahn (RB 89) von Münster nach Warburg.

Gebührend gefeiert wurde das Jubiläum „100 Jahre Hellwegbahn" im Juli 1955 im Bahnhof Dortmund-Aplerbeck.

Iserlohn isoliert

Die seit 1859 existierende Ruhr-Sieg-Bahn ist heute eine zweigleisige Strecke, die im Kursbuch über 152 Kilometer von Essen über Hagen bis Siegen reicht. Das Rückgrat des Personenverkehrs bilden die von Abellio NRW gefahrenen Linien RB 40 „Ruhr-Lenne-Bahn" Essen–Bochum–Witten–Hagen sowie RB 91 „Ruhr-Sieg-Bahn" und RE 16 „Ruhr-Sieg-Express" mit dem Laufweg Essen–Hagen–Letmathe–Finnentrop–Siegen. Vom Bahnhof Letmathe zweigt immer noch die heutige Stichstrecke nach Iserlohn ab, wo sie seit 2008 nicht mehr in einem Bahnhof, sondern nur noch einem Haltepunkt endet. Die elektrifizierte Nebenbahn wird stündlich durch einen Flügel des RE 16 bedient, zu dem von Montag bis Sonnabend ebenfalls stündlich ein Flügel der RB 91 kommt. Die Dechenhöhle gilt unter Kennern als eine der schönsten und meistbesuchten Höhlen Deutschlands. Mit „Letmathe-Dechenhöhle" verfügt sie als einzige Schauhöhle Deutschlands nach wie vor über einen eigenen Eisenbahnhaltepunkt. Im ehemaligen Iserlohner Bahnhofsgebäude befindet sich das 2006 eröffnete „Deutsche Höhlenmuseum".

Iserlohn ist seit 1910 zudem Endpunkt der „Ardeybahn", einer 38 Kilometer langen Nebenstrecke von Dortmund-Hörde über Schwerte.

Nicht mehr existierende Nebenbahnromantik im Juni 1983 am Bahnhof Hemer auf der Strecke Menden–Iserlohn.

Die Bahn überlebte als „Biggesee-Express"

Der einst durchgehende Verkehr von Letmathe über Iserlohn, Hemer und Menden nach Fröndenberg ist hingegen in Etappen bis 2006 endgültig eingestellt worden. Hoffnungen zumindest auf eine Reaktivierung zwischen Hemer und Menden dürften sich wenn überhaupt nur langfristig erfüllen, denn bis 2014 wurden die Gleise und Einrichtungen praktisch vollständig abgebaut und im November desselben Jahres auf der Trasse zwischen Menden und Hemer ein Radweg eröffnet. In Finnentrop starten die Triebwagen des „Biggesee-Express" (RB 92) immer noch auf die Nebenbahn nach Olpe, die in besseren Bahnzeiten einst weiter über Rothemühle und Freudenberg bis nach Kirchen bei Betzdorf führte. Die Bundesbahn, die sich seit den 1960er-Jahren von zahlreichen unrentablen Nebenbahnen trennte, stellte am 29. Mai 1983 sowohl den Personenverkehr von Olpe nach Freudenberg als auch den Güterverkehr zwischen Freudenberg und Rothemühle ein.

Zehn Jahre später endete auch der Güterverkehr zwischen Rothemühle und Olpe. Der Abschnitt Freudenberg–Rothemühle war bereits 1987 stillgelegt worden, ehe 2000 jener von Olpe nach Rothemühle folgte und fünf Jahre später abgebaut wurde. Der einst umfangreiche Bahnhof Olpe, von dem auf dem Weg nach Finnentrop einst auch eine Nebenbahn ins oberbergische Dieringhausen abzweigte, ist heute nur noch ein eingleisiger Haltepunkt für den Biggesee-Express.

Durch den Bau der Dumicketalbrücke überlebte die Strecke zwischen Finnentrop und Olpe.

Ein Eilzug in S-Bahnfarben passierte im Dezember 1983 eine Unfallstelle bei Breyell auf der Strecke Viersen–Venlo.

Die 24 Kilometer lange Reststrecke Finnentrop–Olpe verfügt mit der seit 1964 befahrenen Dumicketalbrücke über eine architektonische Besonderheit. Das 282 Meter lange Bauwerk ist eine kombinierte Doppelstockbrücke, damit Straße und Schiene übereinander die Seitenarme der Biggetalsperre überqueren können. Es entstand als Teil einer Trassenverlegung, die wegen des Talsperrenbaus erforderlich wurde.

Ein Brückenpark unter der Bahn

Befahren wird auch nach wie vor die Strecke von Viersen nach Venlo vom „Maas-Wupper-Express" im Stundentakt. Auf dieser internationalen Verbindung verkehren zudem zahlreiche Güterzüge zwischen Deutschland, den Niederlanden und Belgien. Sie dient bei Bauarbeiten zudem als Umleitungsroute für den Fernverkehr. Die alte BME-Strecke Witten–Duisburg ist ebenfalls nach wie vor eine der am meisten befahrenen Eisenbahnstrecken Deutschlands. Die zum Teil viergleisig ausgebaute, aber teilweise aufgeteilte und umgebaute Trasse wird von S-Bahnen, ICE und RE gleichermaßen befahren. Die Bundesbahn verlegte auf dem Abschnitt Essen–Bochum–Herne 1957 den BME-Bahnhof Bochum zum heutigen Bochumer Hauptbahnhof. Teile der Strecke wurden umgestaltet oder stillgelegt, während der Gesamtverkehr auf dem Abschnitt zwischen Styrum und Ruhrort im Jahre 1995 endgültig beendet wurde.

Der Bahnhof Oberbarmen im März 2015.

Die Züge der Zweigstrecke von Wuppertal-Oberbarmen, ehemals Rittershausen, nach Remscheid sind seit dem 15. Dezember 2013 als S-Bahn-Linie S 7 „Der Müngstener“ unterwegs. Das Wahrzeichen der Strecke, die Müngstener Brücke, musste allerdings von April 2011 bis Oktober 2014 umfangreich saniert werden. Unterhalb des imposanten Viadukts entstand im Rahmen des Strukturförderprogramms „Regionale 2006“ des Landes Nordrhein-Westfalen im Jahr 2006 der „Brückenpark Müngsten“ mit einer Schwebefähre über die Wupper.

Eine Brücke über den „Brückenpark“: Die „Müngstener“ ist ein Wahrzeichen des Bergischen Landes.

Brauchtumspflege im Brückenturm

Während über die Müngstener Brücke noch die Züge fahren, hat die alte König-Wilhelm-Brücke, mit der die BME das rechtsrheinische Düsseldorf über Neuss endlich mit dem linksrheinischen Mönchengladbach verbinden konnte, ausgedient. Der anwachsende Zugverkehr sorgte zunächst dafür, dass die imposante Überführung 1911 im Abstand von 32 Metern auf der Südseite um eine zweite, ebenfalls zweigleisige Brücke ergänzt wurde. Es war dann die Wehrmacht, die im März 1945 die viergleisige Doppelbrücke wie die anderen Düsseldorfer Rheinquerungen sprengte, um die vorrückenden Alliierten aufzuhalten. Der weniger beschädigte Teil wurde dann ein Jahr später mit Resten der parallelen Brücke wieder instandgesetzt. Als die Ost-West-S-Bahn S 8 von Mönchengladbach nach Hagen gebaut wurde, musste die alte Brücke im Jahre 1984 einem Neubau weichen. Während die 1987 eröffnete neue viergleisige Eisenbahnbrücke eine Länge von rund 813 Metern und die Breite von 26 Metern aufweist, zeugen vom alten Bauwerk nur noch die Brückentürme. Auf der Düsseldorfer Seite hat der Verein „Bergische Lehnsritter“, der sich dem mittelalterlichen Brauchtum verschrieben hat, in einem der Brückentürme seinen Sitz.

Die Ruhrtalbahn als „Route“

Eine wechselvolle Geschichte erlebte auch die im September 1869 eröffnete Ruhrtalbahn. Befahren wird noch die Stammstrecke zwischen Düsseldorf und Essen-Werden von der S-Bahn-Linie S 6, die als „Rhein-Ruhr-Bahn“ vom Essener Hauptbahnhof über Ratingen

Nur die Türme stehen noch: Die König-Wilhelm-Brücke ist längst Eisenbahngeschichte.

und Düsseldorf bis nach Köln-Worringen fährt. Ebenfalls für den Personenverkehr genutzt wird noch der Abschnitt zwischen Essen-Überruhr und Essen-Kupferdreh von der S-Bahn-Linie S 9, die die Fahrgäste von Haltern am See nach Wuppertal befördert. Der RE 17 „Sauerlandexpress“ Hagen–Bestwig–Warburg (–Kassel) und der RE 57 „Dortmund-Sauerland-Express“ Dortmund–Bestwig–Winterberg/Brilon nutzen den Abschnitt Schwerte–Warburg der Oberen Ruhrtalbahn und die von Oberhausen kommende S-Bahn-Linie S 3 den Abschnitt zwischen Bochum-Dahlhausen und Hattingen. In Kettwig zweigte einst seit Juli 1926 die Niederbergbahn nach Oberdüssel ab, deren letzte Abschnitte 1999 stillgelegt wurden. Dieses Schicksal traf teilweise auch die Untere Ruhrtalbahn mit der Einstellung des Reiseverkehrs auf der Strecke von Kettwig-Stausee nach Mülheim-Styrum am 26. Mai 1968. Zuvor war der Personenverkehr bereits 1959 zwischen Überruhr und Dahlhausen sowie 1965 zwischen Werden und Kupferdreh aufgegeben worden. Die Mitglieder des Vereins „Dampfkleinbahn Mühlenroth“ versuchten vergeblich, zumindest das Teilstück zwischen Saarn und Mintard als Museumsstrecke zu pachten. Auch der Versuch, bei der 175-Jahr-Feier in Mülheim im Jahre 1983 einige Dampfzüge zwischen Broich und Saarn fahren zu lassen, scheiterte daran, dass die Bundesbahn die Gleise bereits 1982 abbaute. Das Kettwiger Bahnhofsgebäude von 1872 steht seit 1987 unter Denkmalschutz.

Die Trasse der Mittleren Ruhrtalbahn wird hingegen für Museumszüge benutzt. Das Eisenbahnmuseum Bochum-Dahlhausen veranstaltete von 1981 bis 1989 einen Museumszugverkehr auf dem Abschnitt zwischen Hattingen und Wengern Ost, wo der öffentliche Schienenpersonenverkehr seit dem 23. Mai 1971 eingestellt ist. Seit 2005 fahren die Schienenbusse und Dampfzüge sogar weiter bis zum Hagener Hauptbahnhof. Diese Museumsbahn passiert zahlreiche Standorte der „Route der Industriekultur“ wie beispielsweise die Henrichshütte, das Muttental oder die Zeche „Nachtigall“.

Ein reger Museumsverkehr findet auf der „Mittleren Ruhrtalbahn“ statt.

Ein Triebwagen der „Euregiobahn“ passiert im Dezember 2013 den stillgelegten Bahnhof Eschweiler-Aue.

Auf der Oberen Ruhrtalbahn fahren im Bereich des Güterverkehrs auch noch Holzzüge privater Eisenbahnunternehmen und Kalkzüge der DB Schenker Rail. Wie auch auf anderen Strecken sorgte der Orkan „Kyrill“ in den Jahren 2007 und 2008 wegen Abtransport des Sturmholzes für zusätzlichen Verkehr.

Freie Fahrt bis Frenz

Die Inde-Talbahn, die einst mit der Strecke von Mönchengladbach nach Odenkirchen begann und später über Eschweiler bis nach Stolberg führte, wurde nach der Verstaatlichung der BME erweitert. Die Staatsbahn führte auf der Strecke zwischen Stolberg und Mönchengladbach ab Oktober 1884 einen durchgehenden Personenverkehr ein. Die Braunkohlegrube „Weisweiler“ und die Braunkohle-Industrie AG wurden ab 1910 ebenfalls an die Strecke angeschlossen. Nach Ende des Zweiten Weltkrieges baute die Bundesbahn die Strecke mit neuen Haltepunkten noch einmal aus. Spätestens in den 1970er-Jahren ging es dann mit den Fahrgastzahlen rapide bergab, worauf die Bundesbahndirektion Köln am 31. Mai 1980 den Personenverkehr zwischen Jülich und Hochneukirch stilllegte. Das Ende des Personenverkehrs zwischen Stolberg und Jülich folgte dann am 28. Mai 1983. Übrig blieb von der Inde-Talbahn ein sporadischer Güterverkehr in den Abschnitten Mönchengladbach–Geneicken, Odenkirchen–Mülfort und Stolberg–Frenz. Zwischen Franz und Jülich ist die Trasse dem RWE-Tagebau Inden zum Opfer gefallen. Auf dem verbliebenen Abschnitt zwischen Odenkirchen und Hochneukirch

Ende im Gelände: In Frenz endet die alte Verbindung der „Inde-Talbahn".

verkehren die Linien RE 8 „Rhein-Erft-Express" und RB 27 „Rhein-Erft-Bahn" Mönchengladbach–Köln–Troisdorf–Neuwied– Koblenz der Bahnstrecke von Rheydt nach Köln-Ehrenfeld. Vom einstigen Bahnknotenpunkt Jülich existiert noch die alte BME-Strecke über Krauthausen nach Düren.

Das Ende des „Eisernen Rheins"

Das 1999 gegründete Stolberger Unternehmen EVS EUREGIO Verkehrsschienennetz GmbH übernahm ein Jahr später 69 Kilometer Regionalstrecken von der DB und reaktivierte dann im September 2004 zunächst den Abschnitt von Stolberg bis Weisweiler wieder für den Personennahverkehr mit der Linie RB 20 „Euregiobahn". Im Juni 2009 wurde die Neubaustrecke von Weisweiler nach Langerwehe in Betrieb genommen und dadurch die Eschweiler Talbahn mit der Hauptstrecke Köln–Aachen verknüpft, so dass die Euregiobahn bis Düren verkehren kann. Beim „Eisernen Rhein", der einst 160 Kilometer von Antwerpen über Roermond und Dalheim bis nach Mönchengladbach führte, gehörten beim grenzüberschreitenden Verkehr die Personenzüge seit 1953 der Vergangenheit an. Die ursprünglich zweigleisige Strecke zwischen Rheydt und Roermond wurde fünf Jahre später schrittweise auf ein Gleis zurückgebaut. Der grenzüberschreitende Güterverkehr von Dalheim nach Roermond wurde 1992 ebenfalls eingestellt.

Der heutige Kopfbahnhof Dalheim: Wo im Sommer 2014 Gras wächst, ging es früher weiter nach Roermond.

Ein Nein der Naturschützer

Auf dem deutschen Abschnitt zwischen Mönchengladbach und Dalheim fahren noch die Nahverkehrszüge als RB 34 „Schwalm-Nette-Bahn", auf der belgischen und nieder-

Schienen im Schutzgebiet: Der „Eiserne Rhein" ist gegenwärtig der Natur überlassen.

ländischen Seite diverse InterCity-, InterRegio- und Güterzüge. Der 16 Kilometer lange Abschnitt zwischen Roermond und Dalheim durch das Naturschutzgebiet „De Meinweg" ist größtenteils zugewachsen und zurzeit nicht betriebsfähig. Wirtschaft und Politik wollen aber die Strecke von Dalheim nach Roermond reaktivieren, weil diese Güterzuglinie die belgische Stadt Antwerpen und das Ruhrgebiet auf dem kürzesten Wege verbindet. Das NRW-Verkehrsministerium meldete deshalb den „Eisernen Rhein" in der Kategorie „Vordringlicher Bedarf plus" für den Bundesverkehrswegeplan 2015 an. Umweltschützer wehren sich indes gegen eine eventuelle Reaktivierung, weil sie dadurch das Naturschutzgebiet gefährdet sehen und in Wegberg fürchten Anwohner in direkter Nähe zur Trasse den Lärm der Güterzüge. Die Strecke Aachen West–Welkenraedt wurde 1968 elektrifiziert, aber im Personenverkehr bereits seit den 1950er-Jahren massiv eingeschränkt.

Unterwegs durch „Unser Fritz"

Weil die im November 1874 eröffnete Emschertalbahn beim Personenverkehr von Anfang an nur eine Nebenrolle spielte, wurde diese BME-Strecke von der Staatsbahn vorwiegend für den Güterverkehr umgestaltet und mit anderen Bahnstrecken verknüpft. Teilstrecken der sogenannten „Märkischen Emschertalbahn" der BME werden von Regionalbahnlinien wie der RB 43 „Emschertal-Bahn" Dorsten–Wanne-Eickel–Herne–Dortmund, RB 44 „Der Dorstener" Dorsten–Bottrop–Oberhausen und der RB 46 „Glückauf-Bahn" Gelsenkirchen–Bochum befahren. Zwischen Essen und Schalke ist hingegen seit 1969 auf dem gesamten Streckenabschnitt der Personenverkehr eingestellt.

„Teckel" auf Tour: Auf der einstigen „Ennepetalbahn" findet mittlerweile ein Museumszugbetrieb mit Schienenbus statt.

Die Zweigbahnen blieben ein Zwischenspiel

Während sich die Hauptbahnen der BME größtenteils gegen die Stilllegungswelle der Bundesbahn behaupten konnten, blieben die meisten Zweigbahnen zumindest beim Personenverkehr nur ein Zwischenspiel. Die Ennepetalbahn, deren Schienenbusse der Volksmund liebevoll „Teckel" taufte, rutschte nach guten Einnahmen ab den 1960er-Jahren wie so viele Nebenbahnen zunehmend ins Minus. Die Bundesbahndirektion Wuppertal reagierte wie erwartet und legte die Strecke von Hagen nach Gevelsberg-Altenvoerde am 29. Mai 1967 offiziell still. Der Güterverkehr wurde nach dem Ende der Hasper Hütte im Jahre 1972 zwei Jahre später in Hagen-Haspe an die BME-Strecke zwischen Wuppertal und Hagen angeschlossen. Die RuhrtalBahn Betriebsgesellschaft mbH veranstaltet auf dem Abschnitt zwischen Herdecke, Hagen Hbf und Ennepetal-Kluterthöhle seit 2007 einen Museumszugbetrieb mit Schienenbussen.

Kahlschlag rund um Köln

Den größten Kahlschlag erlebten die BME-Strecken im Bergischen Land, durch das einst die Eisenbahn von Köln bis nach Kassel führen sollte. Die von der Linie Gruiten–Deutz am Bahnhof Köln-Mülheim abzweigende Linie über Bergisch Gladbach bis nach Bensberg erlebte zunächst noch einen starken Aufschwung. Der Endbahnhof Bensberg bildete den Ausgangspunkt einer Strecke, die von der Staatsbahn über Rösrath an der heute noch bestehenden Oberbergischen Bahn bis zum Jahre 1912 nach Lindlar weitergebaut wurde.

Schienen zwischen Schrebergärten: Im März 2015 ist ein Talenttriebwagen auf der ehemaligen BME-Strecke von Köln-Dellbrück in Richtung Bergisch Gladbach unterwegs.

Aus dem Weiterbau nach Wipperfürth wurde nichts: Bergisch Gladbach bleibt für immer ein Kopfbahnhof.

Der Erste Weltkrieg verhinderte Pläne, die Linie von Lindlar oder Bergisch Gladbach nach Wipperfürth an die Wippertal- und Volmetalbahn anzuschließen. Danach wollte die Staatsbahn nicht mehr in solche finanziell eher waghalsigen Projekte investieren. Lieber legten die Eisenbahndirektionen vorzugsweise eher unrentable Nebenbahnen still. Die „Sülztalbahn", deren Züge laut Kursbuch von Köln-Kalk bis nach Lindlar fuhren, war im Mai 1966 aus den Fahrplänen getilgt. Zwischen Bergisch Gladbach und Bensberg rollte der Personenverkehr noch bis zum September 1965, worauf 1968 das Bensberger Empfangsgebäude einem Autohaus weichen musste. Der Güterverkehr hielt sich auf diesem Abschnitt immerhin noch bis zum Mai 1989. Pläne, auf dem noch existierenden Bahnkörper zwischen Bergisch Gladbach und Bensberg eine Spurbuslinie einzurichten, zerschlugen sich im Sommer 1990 aus Angst vor zu hohen Kosten. Ein seit ewigen Zeiten geplanter Autobahnzubringer auf diesem Bahndamm ist bisher ebenfalls nicht realisiert worden.

Und so bleibt Bergisch Gladbach ein eingleisiger Kopfbahnhof und Endstation der von Düsseldorf linksrheinisch über Neuss und Köln Hbf kommenden S-Bahn-Linie S 11. Der seit 1975 elektrifizierte Abschnitt von Köln-Mülheim bis Bergisch Gladbach ist für

Im Jahre 1985 herrschte noch reger Bahnbetrieb am Bahnhof Hückeswagen. Das sollte sich ändern.

viele Berufspendler dennoch eine wichtige Verbindung auf dem Weg nach Köln oder zum Düsseldorfer Flughafen. Die Verbindungskurve nach Bensberg ist samt Gleisdreieck schon längst abgebaut und es zweigt nur noch ein Gleisanschluss in das Gewerbegebiet Zinkhütte ab. Diesen nutzt in Bahnhofsnähe einzig die Papierfabrik Zanders, um Kohle für ihr Kraftwerk geliefert zu bekommen. Diese Lieferungen erfolgen allerdings in spektakulärer Manier über den „Driescher Kreisel". Dieser angeblich „größte Bahnübergang Deutschlands" verfügt über rekordverdächtige 14 Schranken, 23 Lichtzeichen und acht akustische Signale.

Schnelles Aus für Anschlag

Während der Kopfbahnhof in Bergisch Gladbach als eher unwürdig für eine 100.000 Einwohner starke Großstadt betrachtet wird, wären viele Bürger in der rheinisch-bergischen Mittelstadt Wermelskirchen und in der oberbergischen Hansestadt Wipperfürth froh, wenn sie überhaupt noch über einen Eisenbahnanschluss verfügen würden. Die einst von Bergisch Born abzweigenden Linien über Wermelskirchen nach Opladen und über Wipperfürth nach Marienheide sind trotz zahlreicher Proteste schon seit den 1990er-Jahren stillgelegt. Die Strecke Born–Hückeswagen–Wipperfürth hatte von der Staatsbahn nach der Verbindung zur Volmetallinie 1910 auch einen Abzweig von Wipperfürth nach

Schienen im Asphalt: Im Sommer 2010 erinnerte nur noch wenig an den ehemaligen BME-Bahnhof Hückeswagen.

Auch am Bahnhof Pattscheid ist die Balkantrasse jetzt ein Radweg.

Anschlag und damit eine schnelle Verbindung zur Wuppertalbahn erhalten. Die Bundesbahndirektion Wuppertal verkündete aber bereits im Dezember 1958, diesen mittlerweile völlig unrentablen Abschnitt stillzulegen. Zwei Jahre später war die Trasse Wipperfürth–Anschlag komplett demontiert.

Erledigt und entwidmet

Rund ein Vierteljahrhundert später war auch die Stilllegung der Strecke Lennep–Wipperfürth beschlossene Sache. Bis zum 31. Mai 1985 hatte es noch Schülerzüge von Wipperfürth-Ost bis Remscheid-Lennep gegeben. Das Ende der schrittweise stillgelegten Abschnitte kam am 31. Dezember 1995 mit dem letzten Güterzug zwischen Wipperfürth und Remscheid. Die Stilllegung zwischen Remscheid und Wipperfürth erfolgte am 24. Dezember 1997. Die Reaktivierungsbemühungen von Bahnbefürwortern endeten, als das Eisenbahn-Bundesamt im Dezember 2006 die Strecke freistellte und damit auf eine mögliche Reaktivierung der Bahnverbindung verzichtete.

Auf der Balkanstrecke zwischen Bergisch Born und Opladen waren am Ende nur noch die werktäglichen Schülerzüge zum Remscheider Ernst-Moritz-Arndt-Gymnasium voll besetzt. Die Bundesbahn hatte längst das Interesse am „Balkanexpress“ verloren und

Das Reiterstellwerk in Brügge existiert noch, der Bahnhof ist allerdings arg geschrumpft.

ließ die Haltepunkte und Bahnhöfe verfallen. Auch hier wurde die Strecke etappenweise mit dem letzten Abschnitt zwischen Lennep und Wermelskirchen am 24. Dezember 1997 stillgelegt. Trotz der Einwände einiger Politiker, die „bedeutsame Bahnlinie nicht sterben zu lassen", strich der nordrhein-westfälische Landtag im Mai 2006 die Trasse aus dem ÖPNV-Bedarfsplan. Die Städte Burscheid und Wermelskirchen entschieden daraufhin, die Trasse von der weiteren Bahnnutzung „freizustellen", fünf Jahre später folgte die Entwidmung durch das Eisenbahn-Bundesamt. Die beiden Strecken, die einst am selben Tag des Jahres 1876 so hoffnungsvoll in die Eisenbahnzukunft gestartet waren, sind jetzt als Radwege zusammengeführt. Während die Strecke Bergisch Born–Opladen als „Panorama-Radweg Balkantrasse" seit Mai 2014 durch Bergisch Neukirchen, Burscheid und Wermelskirchen sowie von Bergisch Born bis nach Remscheid-Lennep führt, wurde die Strecke von Hückeswagen bis Marienheide als Radweg „Wasserquintett" bereits am 30. Mai 2010 feierlich der Bevölkerung übergeben.

Als Radweg zu enden blieb der Volmetalbahn erspart, aber auch diese ambitionierte Strecke kam nicht ungeschoren davon. Einen Tag nach der letzten Personenzugfahrt zwischen Brügge und Meinerzhagen am 31. Mai 1986 endete auch der Gesamtverkehr zwischen Meinerzhagen und Marienheide. Doch die Volmetalbahn schlummerte nicht lange vor sich hin. Das Land NRW erkannte die Notwendigkeit einer Schienenverkehrs-

Zur Trasse des Werkzeugs wurde die ehemalige Stichbahn Remscheid–Hasten.

Auch das „Luhmer Grietche" musste einem Radweg weichen.

ader durch das Volmetal und stufte im Sommer 1998 in seiner ÖPNV-Bedarfsplanung den Lückenschluss zwischen dem westfälischen Brügge und dem oberbergischen Gummersbach als vordringlich ein. Mit Erfolg, denn seit dem 27. Februar 2014 rollen die Züge der Regionalbahnlinie 25 von Köln-Hansaring nach Marienheide wieder weiter bis Meinerzhagen. Der Lückenschluss bis Brügge mit durchgehenden Zügen Köln–Lüdenscheid ist für 2017 geplant.

Zu einem Rad- und Fußweg umgewidmet wurde hingegen die Stichbahn von Remscheid nach Hasten. Der noch für die BME konzessionierten, aber erst nach der Verstaatlichung gebauten Strecke wurde am 31. Dezember 1990 das Lebenslicht ausgeblasen. Das Comeback feierte sie nach einem längeren Dornröschenschlaf im Rahmen der Regionale 2006 und der seither vorhandene vier Kilometer lange Rad- und Fußweg erinnert jetzt seine Benutzer als „Trasse des Werkzeugs" an die Metalltradition vieler Remscheider Betriebe.

Der Radweg auf der ehemaligen Aggertalbahn zwischen Siegburg und Lohmar, die spätestens Mitte der 1990er-Jahre im Güter- und Personenverkehr kaum noch eine Rolle spielte, weckt noch an mancher Stelle die Erinnerung an eine Eisenbahnära, als das „Luhmer Grietche" durch Wald und Flur schnaufte.